刘博微

著

儿童积极心理学

中国纺织出版社有限公司

内 容 提 要

作为父母，我们无法预见孩子在一生中会经历和遭遇什么，要想以不变应万变，唯一的方法就是让孩子积极乐观，这样他才能以健康的心理面对命运赐予的一切。

本书以孩子在生命成长的各个阶段的身心特点为出发点，结合孩子有可能遇到的很多人生烦恼，告诉父母如何去做才能激励孩子，帮助孩子缓解忧愁和焦虑，对于培养孩子积极的心态有重要的作用。

图书在版编目（CIP）数据

儿童积极心理学 / 刘博微著. —北京：中国纺织
出版社有限公司，2019.11
ISBN 978-7-5180-6421-2

Ⅰ.①儿… Ⅱ.①刘… Ⅲ.①儿童—心理健康—健康
教育—家庭教育 Ⅳ.①G444

中国版本图书馆CIP数据核字（2019）第150754号

责任编辑：李 杨　　责任印制：储志伟

中国纺织出版社有限公司出版发行
地址：北京市朝阳区百子湾东里A407号楼　邮政编码：100124
销售电话：010—67004422　传真：010—87155801
http://www.c-textilep.com
中国纺织出版社天猫旗舰店
官方微博http://weibo.com/2119887771
三河市宏盛印务有限公司印刷　各地新华书店经销
2019年11月第1版第1次印刷
开本：710×1000　1/16　印张：13
字数：144千字　定价：39.80元

凡购本书，如有缺页、倒页、脱页，由本社图书营销中心调换

前　言

　　毋庸置疑，每一对父母对孩子都爱得毫无保留，爱得深沉，爱得无私，甚至爱到可以为孩子付出生命。在《人间世》第二季中，一个患有先天性心脏病和肺部动脉高压的年轻女性，坚持要生孩子。不管是亲生父母还是公婆和丈夫，包括医院里接诊的医生，都全力劝说她不要生孩子，但是她坚持要做完整的自己。节目播出后，网友也开始热烈讨论，有人说母爱伟大，有人说明知道会危及生命还这么做太不理性，然而不管大家怎么说，也许只有当事人自己知道多么渴望创造一个小生命。看了这期名为《生日》的节目，见识到很多危重孕妇的生产经历，让人心中无限感慨。这样拼命创造出来的新生命，怎么会不把他们当成手心里的宝贝，怎么会不希望他们幸福、平安地成长呢？

　　然而，人生不如意之事十之八九，命运对于孩子也从来不会温柔善待。作为父母，眼看着那个羸弱的生命一天天成长，内心的担忧和焦虑也越来越多：孩子受到伤害怎么办？孩子遭遇病痛折磨怎么办？孩子不能过好一生怎么办？可惜，父母只是普通人，不是无所不能的神，无法预知孩子在一生中会有怎样的经历和际遇。作为父母，唯一能做的就是培养孩子积极乐观的个性，让孩子可以敏感地感受和捕捉幸福快乐，从而让孩子的人生充满欢声笑语。

　　即便这样，也不要把对孩子的教育引入误区。很多父母因此就想给孩子最好的，哪怕家庭经济窘迫，也依然把孩子养成大手大脚花钱的坏习惯；哪怕父母能力有限，也让孩子误以为自己只要依靠父母就可以一生无忧。给孩子这样的错觉，恰恰是对孩子不负责任的做法。父母的重要责任之一是陪伴孩子探寻生命的真相和生活的本质，而不是为孩子创造一个虚假的世界，让孩子误以为岁月始终静好、人生现世安稳。有人说生命是一场旅行，有人说生命是一次航程，不管怎样去形容生命，都难以掩饰生命反复无常、危机四伏的本质。作为父母，无法为孩子铲除一切人生障碍，无法让孩子始终在生命历程中顺遂如意，那么陪着孩子走过坎坷磨难、给予孩子最珍贵的人生礼物就是强大的内心。

心若改变，世界也随之改变。当孩子拥有积极的心态，他们就可以从容应对春去秋来；当孩子拥有积极的心态，他们就能以苦难作为人生的阶梯，不断地向上攀登；当孩子拥有积极的心态，他们就可以坦然面对人生的一切坎坷，哪怕身体正在承受着病痛，笑容也依然可以从心底绽放……面对人生，除了接受和勇敢承受，我们还能做些什么？其实孩子天生强大，并不像父母所想的那样孱弱和无助。父母要相信孩子，这样孩子才会拥有自信的力量，才能在父母的陪伴下度过人生中较脆弱的一程，走到人生独立坚强的天地中！

作者

2019年1月

目　录

第 1 章

播下积极的种子，让孩子拥有乐观的心灵

积极具有神奇的魔力，可以让原本平淡无奇的人生变得富有韵味，可以让孩子原本被绝望和沮丧打击的心灵充满希望。为此，作为父母，要在孩子的心灵中播下积极的种子，这样孩子才能坦然面对人生的挫折和打击，始终心怀希望、乐观向上。

培养孩子的逆商

在非洲大草原上，有一条河，在河的两岸有很多羚羊。动物学家在对这些羚羊进行观察之后发现，河流南岸的羚羊具有旺盛的生命力，奔跑的速度更快，身体更加强壮，动作更加敏捷。然而，在河流北岸，羚羊不够身强体壮，繁殖的速度也没有南岸的羚羊快。这到底是为什么呢？动物学家百思不得其解，于是分别在两岸抓住10只羚羊，将其进行交换，让它们去对岸生活。结果，南岸的羚羊到了北岸，生活得很好，繁衍生息。而北岸的羚羊到了南岸之后在短短的时间内就数量锐减，只剩下两只。这是怎么回事？动物学家经过深入研究和跟踪调查，发现南岸不但有羚羊，还有很多狼。为了逃命，在狼口下求生，羚羊必须不停地奔跑，因此它们的生存能力非常强。可想而知，从未遭遇过狼的北岸羚羊，到了南岸生存堪忧。南岸羚羊在恶劣的环境下都能生存，到了北岸自然可以生存得更好。由此可见，越是充满危机的环境，反而越是能够激发动物强烈的求生欲望，让它们发挥自身的潜力，不断地成长，从而更加强壮。

其实，这个道理不仅适用于动物，也适用于人类。细心的人会发现，很多富贵人家的孩子都不太擅长拼搏，那是因为他们一出生就含着金汤匙，而且想要什么就有什么，他们从来不为生活忧愁。而那些出身贫苦人家的孩子，则常常需要为生活打拼。他们在穷困的家庭里成长，看到很多生活的真相，因此他们知道一切都只能靠自己。

曾经，人们误以为决定一个人能否成功的因素是智商，实际上，的确如此，智商高的人更容易获得成功，但是与此同时，他们还具有其他优秀品质，那就是对抗挫折的能力。如果一个人只是单纯智商高，根本经不起任何失败的打击，一旦遭遇失败就一蹶不振，那么他们根本不可能获得成功。相反，如果智商高的人情商也很高，而且因为接受了逆境的锻炼，使得逆商不断提高，则他们就会变得越来越强大。由此可见，智商只是成功的必要因素之一，而不是唯一且充分的成功要素。一个人要想在成长过程中有更出色和优秀的表现，就一定要培养自己的逆商，这样才能出淤泥而不染，才能让自己饱经磨难而绝不屈服。可想而知，这对于孩子的成长有多么重要。

所谓逆商，顾名思义，就是一个人面对逆境能够坚持成长的能力和商数。一个人的逆商越高，他就越是能够承受挫折和苦难，而绝不轻易放弃；一个人的逆商很低，那么即使遭遇小小的打击也会轻易放弃。当然，一个人的逆商并非天生就有，而是在后天成长的过程中接受命运的磨砺渐渐形成的。在面对各种艰难坎坷的时候，一定要充满勇气，要有毅力坚持下去。如果看到困难就退缩，就根本没有逆商可言。

美国前总统林肯就是一个逆商很高的人。林肯一生之中，很多次参加竞选，也曾经因为仕途不顺想要转行做生意，但是大多数都以失败告终。未婚妻的去世，更是给了林肯严重的打击，使得他在很长时间里都被抑郁症折磨，一度卧床不起。但是他没有放弃，而是站起来继续努力。一次又一次的失败，非但没有让他放弃，反而激发了他一定要获得成功的决心，使得他越挫越勇。这样的林肯，最终凭着坚持和毅力成功当选美国总统。

和林肯一样，美国的另一位前总统尼克松也是一个逆商很高的人。小时候，尼克松的家里很贫穷，只有一间杂货铺，为此小小年纪的他每天都天不亮就要起床，去为杂货铺采购新鲜的蔬菜、水果等，然后回到家里还要把这些东西都清洗干净再上架。他不仅要照顾家中杂货店的生意，还兼职做着其他事情，只是为了多赚取一些钱。

后来，尼克松考上杜克大学，学校里的住宿条件很艰苦，为了省钱，他舍不得吃饭，即使在寒冷的冬天，也只吃一块糖果就支撑半天的时间。为了改善生活、维持学业，他开始勤工俭学。然而，厄运并没有因为他这么努力就远离他，好运也没有因为他这么努力就靠近他。大学毕业后找工作，尼克松依然饱受挫折。直到进入政坛，尼克松还不止一次遭遇惨败。然而，尼克松从未放弃，他始终都在坚持。经历了漫长的时间和无数次的努力，尼克松终于登顶总统的宝座，也由此走上人生的巅峰。

不管是林肯还是尼克松，如果当初在身处逆境的时候就放弃了，他们就不可能坚持到最后，更不可能获得成功。人生不如意十之八九，一切的成功者之所以能成功，并不是因为他们得到了好运的眷顾，也不是因为他们有过人的天赋，而是因为在面对人生的逆境时，他们始终都能够坚持不懈、勇往直前，绝不放弃，笑到最后。正因如此，他们才能坚持到成功到来的时刻，正因如此，他们才能在人生的道路上不忘初心、砥砺前行，因而守得云开见月明。古人云，五十步笑百步，意思是说在战场上那些逃之夭夭的士兵，不能因为自己逃跑了五十步就笑话那些逃跑了一百步的人。实际上，追求成功何尝不是一场旷日持久、艰苦卓绝的战争呢！一个人如果总是轻言放弃，就相当于成为逃兵，不但逃离了失败，也彻底失去了成功的机会。正如人们常说的，笑到最后的人才是笑得最好、最美的人，我们也要坚持到最后，才能笑到最后，才能笑得最好，笑得最美！

孩子在成长过程中会遇到各种坎坷挫折，也经常会身处逆境。作为父

母，一定要努力培养孩子的逆商，让孩子在成长的过程中变得越来越强大，内心坚定不移。唯有如此，孩子才能不断地成长，才能坚持获得进步！

让孩子正确认识自己

古人云，人贵有自知之明。的确，对于每个人而言，最重要的是既不要妄自菲薄，也不要狂妄自大，唯有客观公正地认识自己，才能在成长的道路上不断前进。否则，如果缺乏对于自己的正确认知，常常陷入狂妄自大或者妄自菲薄的怪圈，则孩子就会变得很迷惘。作为父母要想激励孩子成长，就要引导孩子认识自我。

正如一位名人所言，一个人最大的敌人就是自己。一则是因为一个人很难主宰和驾驭自身的情绪；二则是因为不识庐山真面目，只缘身在此山中。那么作为孩子，如何才能对自己有客观公正的认知，才能对自己准确定位呢？在这其中，父母起到很重要的引导作用。

孩子在刚刚出生的时候，处于浑然无我的状态，他们以为自己与外部世界是一体的，从来不进行区分。随着不断地成长，到了两岁左右，孩子才意识到自己与外部世界是独立开的，从此他们对自己开始产生好奇，也对外部世界有了强烈的探索欲望。父母正是要抓住这个关键时期对孩子开展积极有效的引导，这样一来，孩子才能把自己与外部世界区别开，才能渐渐走向独立。有一天，孩子真正离开家，开始融入学校里的集体生活，他就开始有了比较。原本，父母觉得自家孩子是最优秀的，孩子自己也觉得自己出类拔萃，直到进入同龄人的队伍之中，有了更多的比较，他们才渐渐感到失望，认识到人外有人、天外有天。然而，这是父母必须认识到的事实，也是孩子必须接受的现状。当孩子因为比不过别人而感到颓废沮丧的时候，父母不要过分责怪孩子，而是要让孩子知道有比较就有高下和强弱之分，而最重要的是做好自己。这样孩子才能摆脱失落，坚定不移地做好自己。

作为独生女，安琪从小就得到父母无微不至的爱与照顾。虽然爸爸妈妈都是普通的工薪阶层，但是他们很愿意把自己认为最好的都给孩子，也倾尽所能满足孩子的需求。就这样，安琪变得越来越骄傲，就像一个小公主一样，认为自己是最漂亮的。没想到进入小学之后，安琪在学习方面表现出很大的劣势。虽然她在幼儿园可以凭着舞蹈占据优势，但是在进入小学之后，大家更看重的是成绩，为此安琪很失落，内心沮丧失望。后来，班级里竞选班干部，安琪原想争取音乐科代表，没想到却因为文化课成绩落后，而落选了。安琪觉得心神恍惚，不知道自己为何突然之间一无是处。

安琪因为从小得到了父母无微不至的照顾和爱护而产生了错觉，误以为自己就是宇宙的中心，理所当然得到所有人的认可和喜爱。其实不然，人外有人，天外有天，每个孩子都有自己的长处和优点，也有自己的短处和缺点。作为父母，最重要的是要引导孩子认识自己，而不要让孩子沾沾自喜，否则一旦进入同龄人之间，与同龄人比较，孩子就会产生巨大的心理落差。

如今的孩子都在顺境中成长，为此只要有一点点不如意，他们就会觉得难以忍受。实际上，不如意正是人生的常态，孩子还有漫长的一生需要走过，还有很多未知的事情需要面对，如果连一点点不如意都不能承受，未来一定会非常被动和无奈。有大学生甚至是研究生即将毕业选择自杀的，让人扼腕叹息：寒窗苦读这么多年，到了要走出校园回报社会、家庭

的时候，为何他们选择了这样的不归路呢？其实，就是因为他们心理素质太差，不知道自己走出象牙塔之后要如何面对这个纷繁复杂的社会，所以他们才会选择以这样决绝的方式逃避。看到这样的惨剧发生，相信明智的父母一定会有所感悟：孩子学习再好，如果没有健康的心理，也只是一个无用之才。为此，父母要注重培养孩子对于自我的认知能力，也要让孩子懂得如何承受人生的挫折、承受着压力健康成长。

判断孩子是乐观还是悲观

有人说，心若改变，世界也随之改变。这句话虽然说得有些极端，但是却很有道理。实际上，每个人所看到的世界，就是世界在他们心中和眼中折射出来的样子，从某种意义上而言，世界在人的心中折射出来的样子会更大程度上影响人们对于世界的感知。也有人说，心有多大，人生的舞台就有多大。的确，如果一个人的心同针尖一样狭小，则很难给人带来广阔的天地。只有把心放宽，人生才会真正实现天高地远。

一个人的心态往往对他的一生都会有至关重要的影响。作为父母，要想让孩子拥有充满希望的一生，就要努力培养孩子积极乐观的精神。如果孩子总是悲观绝望，则他的人生就会受到打击，也变得乌云遮蔽。心态对人的影响是非常大的，也会使人心中折射出来的世界有所改变。

很久以前，有个老奶奶常常坐在家门口。她看起来已经年逾古稀，但总是愁眉不展。有一天，邻居忍不住问她："老奶奶，您有什么发愁的事情吗？"老奶奶摇摇头。邻居又问："那是儿女不孝敬您吗？"老奶奶又摇摇头。邻居继续追问："那您为何总是这么愁眉不展呢？"老奶奶说：

"我自己年纪大了，儿女都很孝敬，吃喝不愁。我是担心我女儿的生意。我女儿是卖伞的。最近天天都是大太阳，伞肯定不好卖，我女儿就赚不到钱。"邻居感慨道："真是可怜天下父母心。您老了，到了颐养天年的时候，就不要为儿女的这些事情操心了。"

过了几天，天下起大雨。老奶奶还是坐在门口，还抹起了眼泪。邻居看到老奶奶伤心的样子，更纳闷了："老奶奶，如您所愿下雨了，您女儿卖伞的生意一定很好。您为何还掉眼泪了呢！"老奶奶说："我的儿子是当导游的。就靠着风和日丽，游客多，才能给游客讲解那些景点，赚取一些钱。现在下雨了，我儿子一定没有生意做了。"邻居看着老奶奶伤心的样子很不忍心，灵机一动对老奶奶说："老奶奶，您要换个角度想问题。您想啊，天气好的时候，您的儿子可以当导游挣钱。天气不好的时候，您的女儿可以卖伞挣钱。很多人的生意都受到天时的影响，您家的生意却兼顾了晴天和雨天，不管什么天气，您家里都有钱赚。这多好啊，不知道有多少人羡慕您呢！"听了邻居的话，老奶奶茅塞顿开，高兴地说："是啊，你说得很对，都有钱赚。这可真是件好事情，我应该高兴才对！"

在邻居的启发下，老奶奶调整了心态，从此之后，她再也不因为阴天下雨或者晴天出太阳而烦恼，而总是乐呵呵的，一想到自己的女儿和儿子不管何时都能赚钱，她就很开心。

实际上，天气并没有改变，该出太阳还是出太阳，该下雨还是下雨，但是老奶奶的心态改变了，所以她从此前的始终愁眉不展，到后来每天都乐呵呵的。由此可见，心态对于人的影响是很大的，我们每个人都要有好心态，才能在无法改变外界环境的情况下改变自己，才能让自己更加积极乐观地面对人生。

孩子在成长的过程中也会遇到很多的艰难坎坷，为此父母要引导孩

子形成好的心态，这样，孩子才能渐渐变得乐观，而不会因为一些不值一提的小事情就陷入莫名其妙的负面情绪之中无法自拔。人生不如意十之八九，不如意是人生的常态，任何时候，我们都要尊重人生的姿态，也要学会接纳命运赐予的一切。唯有坦然面对，我们才有更强大的勇气；唯有不懈进取，我们才能在人生的道路上不断前行。记住，生命没有回头路可以走，人生只有一次机会。既然哭着也是一天，笑着也是一天，我们为何不笑着度过人生中的每一天呢？只要还有选择的机会，我们就要坚强面对。只要还能笑得出来，就算是勉强牵动嘴角，我们也要摆出笑的姿态。

父母要为孩子树立乐观的榜样

父母是孩子的第一任老师，也是孩子最好的老师。每个生命从呱呱坠地开始，就要在父母无微不至的照顾下茁壮成长。父母与孩子朝夕相处，对于孩子的影响是非常强大的。很多时候，父母无意之间做出的言行举止，会很深地影响孩子，而父母对此却浑然不觉。所以说要想做好父母，不但要照顾好孩子的日常生活，满足孩子的生理需求，更要全方位关注孩子的精神和感情。只有这样，才能在孩子面前谨言慎行，始终给孩子做积极的榜样。

俗话说，言传不如身教。尤其是在面对人生中很多艰难处境时，父母必然要承受很大的压力，但是不要把这份压力转嫁给孩子，更不要当着孩子的面唉声叹气，说些灰心丧气的话。否则，孩子受到父母的身教影响，会在待人处世的时候也带有和父母相似的气质与行事作风。等到孩子心中的负面思想根深蒂固，父母再想改变孩子就很难了。

最近，安琪的爸爸所在的工厂要精简人员，爸爸很有可能下岗。原本，安琪依然快乐地生活，根本不知道这件事情，直到有一天吃晚饭的时候，她看到从来不喝酒的爸爸罕见地给自己倒了一杯酒喝，她觉得很奇怪，不知道爸爸是怎么了。吃饭的时候，爸爸总是唉声叹气，妈妈鼓励爸爸："下岗了也没关系，那么多人都下岗了，一个也没饿死，还活得好好的。前楼的老王去年就下岗了，开了个小饭店，过得好着呢，现在一个月赚的钱赶上过去上班时一年的薪水了！"爸爸训斥妈妈："你知道什么？！人家老王的小舅子是专业厨师，开饭馆不得有靠得住的厨师吗？你有这样的哥哥或者弟弟，可以支援咱们开饭馆吗？"妈妈知道爸爸心情不好，没有反驳，说："就算不开饭馆，咱们有手有脚的，难道还养不活自己不成！现在找工作好找，只要肯吃苦、愿意干，总能挣到钱的。"爸爸又训斥妈妈："你知道什么。找工作是好找，但是招聘的都是清洁工、洗菜工。虽然我以前就是个工人，但是还没沦落到伺候人的地步吧！这下子可算是完了，活了半辈子了，老了老了，没地方上班了，变成无业游民了！"这个时候，安琪疑惑地问爸爸："爸爸，什么是无业游民？"爸爸没好气地说："无业游民就是没工作、挣不到钱的废物。"安琪突然哭起来："我不要爸爸当废物，我不要爸爸当废物！"妈妈阻止爸爸："你和孩子瞎说什么，看把孩子吓得！"

这件事情之后，安琪总是很消沉，不再像以前那样开开心心的了。有一次，安琪考试没考好，她拿着成绩单回到家里，给爸爸妈妈看。爸爸劈头盖脸地数落安琪不够努力和用功，安琪哭着说："我知道，我就是个废物！"妈妈狠狠地瞪了爸爸一眼。

在这个事例中，爸爸因为面临下岗所以心情不好，未免有些自暴自弃，为此给了安琪很不好的影响。在又一次考试成绩不理想之后，安琪哭

着说自己也是废物，不得不说，这就是受到了爸爸的负面影响。

孩子和父母生活在一起，很容易受到父母言行举止的影响。作为父母，在孩子面前不管是说话还是做事情，一定要坚持正确的方式，而不要总是口无遮拦。孩子的心灵很稚嫩，他们很崇拜和信任父母，为此父母对于他们的影响是非常深远的。作为父母，要尽量调整好心态，努力给予孩子积极的影响，而不要对孩子起到反作用。在上述事例中，妈妈的心态就很好，她列举身边很多真实的事例，告诉爸爸下岗也没关系，还可以开拓事业。遗憾的是，消沉的爸爸听不进妈妈的话，还把安琪吓得大哭。

有心理学家研究发现，大多数的人先天条件相差无几，之所以有的人总是与失败纠缠，而有的人却能够与成功结缘，就是因为他们对待失败的态度不同。有的人一旦遭遇失败就一蹶不振，总是颓废沮丧，无法振奋精神，而有的人在遭遇失败之后却能够继续努力，坚持进取，从失败中汲取经验和教训，也踩着失败的阶梯不断努力前进。正因为如此，他们才能最终战胜失败，成为真正的人生强者。父母要想让孩子获得成功，就要从小在孩子心中种下成功的种子，种下希望的光。唯有如此，孩子在面对人生中的各种不如意时，才能始终努力向前，才能无所畏惧绝不放弃。否则，一旦放弃，不但避免了失败，也彻底失去了成功的机会，这当然是让人感到遗憾的。当然，作为父母要给孩子树立好榜样，以身示范，教育孩子，这样才能让教育事半功倍，也才能让孩子从父母身上看到更多的希望，得到更强大的力量。

引导孩子直面挫折

每当生活遭遇艰难的时候，父母总是想以自己的肩膀为孩子支撑起一片广阔的天空。殊不知，孩子小时候很孱弱，没有独立生存的能力，也缺乏承受能力，此时的确是需要父母照顾和帮助他们的。但是随着不断地成长，孩子的内心越来越坚强，他们的能力也与日增长。在这种情况下，父母要做的不是为孩子遮挡所有的风雨，而是要随着孩子的成长与时俱进，及时对孩子放手，让孩子接受风雨的历练。

不经历风雨，怎能见彩虹，没有人能随随便便成功。对于孩子来说，如果不经历风雨而在父母严密的保护下成长，则孩子就会成为温室里的花朵。父母要学会对孩子放手，给予孩子更多的机会去锻炼和提升自身的能力，只有这样，孩子才能在不断锻炼的过程中强大自身能力，获得成长。因此，作为父母，一定不要因为心疼孩子就过度保护孩子，越是在艰难的时刻，越是要引导孩子直面挫折，这样才能增强孩子的能力，让孩子更加强大。在这个方面，印度前总理甘地的夫人教育孩子的方法值得所有父母学习。

甘地夫人从来不会娇惯孩子，在教育孩子方面，她有自己的观点。她始终认为生活中既有顺境，也有逆境；既有顺遂，也有坎坷，父母要让孩子全面发展，拥有自己的个性，这样孩子将来才能适应社会生活。甘地夫人认为，作为母亲，更要注重培养孩子独立坚强的个性，让孩子变得更加勇敢且有毅力，从而成长为真正的人生强者。甘地夫人是这么说的，也是这么做的，她把教育孩子的理念完全践行在实际的家庭教育中。

有一年，甘地的大儿子拉吉夫生病了，需要进行手术。在当时，做手术还不像现在这么常见，为此拉吉夫非常恐惧，甚至一度以为自己就要死

了。为了安慰紧张不安的拉吉夫，医生骗他说："拉吉夫，手术一点儿都不疼，做完手术你就会好起来的。"甘地夫人听到医生的话，很不赞同，当即对拉吉夫说："拉吉夫，你已经12岁了，是大孩子。你应该知道真相，也要鼓起勇气去面对。你的确生病了，而且需要做手术才能治疗好。手术过程中，你会感到有些难受，而且手术之后你还要忍受几天的痛苦。这一切事情你都要独自去承担，因为没有人能代替你生病，也不能代替你去接受手术。我觉得你要做好思想准备，哭泣可以帮助你发泄感情，但是却不能帮助你减轻痛苦。妈妈相信你，你一定可以表现得像个真正的男子汉。也许经历这件事情之后，你就会成为真正的男子汉，变得非常强大。"

妈妈的一番话，让拉吉夫对于即将到来的手术和手术后的难受有了一定的思想准备。他在手术前接受了这些有可能发生的事情，在手术过后，他没有哭闹，而是默默地忍受痛苦，因为他知道只要熬过这几天，一切都会好起来，他也会恢复健康。

看到甘地夫人的做法，很多父母应该都会想起自己曾经欺骗孩子的话：打针一点儿都不疼。结果，等到针真的插进肌肉里，孩子马上歇斯底里地哭起来，因为猝不及防的疼痛他们还会挣扎，导致危险发生。因为被父母欺骗，他们未来很有可能不愿意继续相信父母。其实，父母犯了一个很低级的错误，那就是宁愿欺骗孩子，也不愿意告诉孩子真相，最可怕的是这种欺骗只能维持短暂的时间就会被孩子识破，父母却因此失去了孩子的信任，可谓得不偿失。明智的父母不会这么做，他们会综合考量孩子的承受能力，选择告诉孩子真相，也想方设法让孩子理解到底打针有多疼，从而让孩子做好心理准备。这样一来，虽然前期的工作艰难，但是后期孩子就不会因为要打针就感到非常恐惧，因为他们已经有了可以借鉴的人生经验。

人生从来不完美，孩子总要学着接受和面对。尤其是在面对人生中的各种不如意时，父母无法像用纸包着火一样给孩子塑造生命的假象。既然早晚要让孩子认识到这一切，为何不及早让孩子接受呢？很多父母会说，担心孩子无力承受，实际上，这是对于孩子的低估，也是对于孩子的误解。孩子真正的力量超乎父母的想象，一生的道路很漫长，父母不可能始终陪伴着孩子，更不可能一直让孩子生活在温室里。人生的真相总要在孩子面前展开，只有坦率真诚地接受这一切，孩子才能真正地成长。

父母要知道，在教育孩子这件事情上，让孩子接受挫折教育，让孩子体会痛苦，让孩子在痛苦中反省自己，督促和激励自己成长，这远远比给孩子营造一个生活的假象来得更加重要，也远远比给孩子虚假动听的谎言来得更加迫切。明智的父母会引导孩子直面挫折，教会孩子在挫折和失败中不断站起来，继续努力尝试，继续全力以赴，从而让孩子更快地成长，加快脚步奔向人生的前方。

父母即使再爱孩子，也不可能永远陪伴在孩子身边，无微不至地照顾孩子，所以明智的父母会早一些为孩子做打算，教会孩子如何面对人生的不如意，如何承受人生的挫折和困难。真正的成长不是孩子学会了多少知识、掌握了多少技能，而是他们可以坦然行走人生之路，能够踏破荆棘、乘风破浪，最终到达人生巅峰，获得长足的进步，看到人生中更加雄伟壮丽和绚烂多彩的风景。孩子，人生不是你的棒棒糖，人生的一切都需要你独自面对和承担！

第 2 章

打造积极的情绪，为幼小的心灵提前"扫雷"

情绪躲藏在孩子的心里，在孩子的不加掩饰或者拙劣的掩饰下，时不时地就会冒出头来，导致孩子情绪波动，内心也因此而焦虑不安。尤其是那些负面情绪，就像是孩子成长道路上的"地雷"，不知道何时就会爆炸。合格的父母不但关心孩子的衣食住行，也会有意识地为孩子消除情绪的"地雷"，从而保障孩子健康快乐、心情愉悦地成长。

排除情绪"地雷"，让孩子拥有好心情

豆包3岁半，从9月开始正式成为幼儿园小班里的一员。和大多数小朋友一样，豆包适应幼儿园的生活还算顺利，也哭了几天，不过后来发现爸爸妈妈每天下午都会按时来接她，所以不但不害怕上幼儿园，反而因为幼儿园里有很多小朋友可以一起玩，而渐渐地爱上了幼儿园。但是，半个月过去，豆包还有不好的习惯继续存在，那就是特别排斥和抗拒吃饭。每天入园后，豆包原本和其他小朋友玩得好好的，一旦到了11点，看到生活老师端着饭走过来，豆包就会马上开始哭泣，一边哭还一边向另一个老师身后躲藏，口中念念有词："不要吃饭，不要吃饭！"生活老师很耐心地劝说豆包："豆包，不要害怕，今天的饭菜很美味哦。有小丸子，还有西红柿，还有豆腐呢！小朋友们都爱吃，你也吃，好不好？"豆包哭得撕心裂肺，生活老师只好在给小朋友们分完饭菜之后，耐心地喂给豆包吃。因为害怕豆包呛着，生活老师总是要等到豆包一点儿都不哭了，才能喂一勺饭到豆包嘴里。眼见着豆包吃饭的问题并没有因为爱上幼儿园而得到缓解，生活老师只好和妈妈沟通。

在妈妈的一番解释下，生活老师才恍然大悟。原来，豆包小时候是由奶奶带大的。奶奶是个急脾气，每次到了吃饭的时候，如果看到豆包不认真吃饭，或者吃得太慢，总是会催促豆包，着急了还会严厉训斥豆包。有一次，豆包很抗拒，不小心把饭菜打翻了，奶奶还狠狠打了豆包

的手。从此之后，豆包一到吃饭的时候就很害怕，形成了条件反射。生活老师恍然大悟，原来豆包对于吃饭有个情绪"地雷"，难怪她这么排斥和抵触吃饭呢！

很多父母误以为孩子小，不记得很多事情，因此在与孩子相处的时候，就不讲究方式方法，甚至对于孩子的处罚也会太过严厉。实际上，孩子虽然小，但是对于情绪的感知能力是很强的。曾经有心理学家研究发现，在那些罪犯之中，尤其是变态的罪犯，他们的罪行往往可以从童年时期的生活中找到阴影。因此，父母与孩子相处时一定要非常慎重，要避免在不经意之间给孩子埋下情绪"地雷"，致使孩子在成长过程中遇到阻碍，也产生不愉快的体验。

所谓情绪"地雷"，并非单纯由某一件事情而导致的，而是环境的作用力。婴幼儿时期的孩子正处于认识能力的发展时期，在潜意识的作用下，他们的观察力、注意力都很敏锐，而且他们的记忆力也很强大。在这种情况下，他们受到环境的深刻影响，因此在记忆中印刻下相似环境，一旦看到类似的环境，他们的情绪"地雷"就会触发，导致他们的情绪濒临崩溃。作为父母，不要怀疑孩子的记忆力和智力水平，才一两岁的孩子有过几次打预防针的经验之后，只要再去医院看到穿着白大褂的医生和护士，就会歇斯底里地哭泣，这与他们小时候被针扎到才开始哭泣截然不同，这就是他们潜意识的记忆在发挥作用，也是他们的情绪"地雷"被触发的表现。

要想避免给孩子埋下情绪"地雷"，父母要做到以下两点：首先，父母要尊重和关注孩子，要把孩子当成平等的家庭一员去对待，而不要对孩子过度严厉，也不要对孩子非常冷漠。否则，父母对孩子的一切表现都会印刻在孩子的心中，让孩子感到恐惧和紧张。只有在民主和谐的家庭氛围里，只有在爱与友善的环境中，孩子才会心情愉悦，也才会拥有健康稳定的情绪。因此，父母只对孩子好是远远不够的。作为家庭成员，父母之间也应该有良好的关系，这样才能让孩子感到很安全。其次，父母要有稳定的情绪，这样才能给予孩子积极正向的影响。很多父母本身就是神经质的人，可想而知，孩子受到父母的影响，也会变得非常神经质，根本不可能有良好愉悦的情绪。因此，作为父母要学会控制自己的情绪，这样才能让孩子在平稳的情绪环境中，有更加快乐的成长经历。

总而言之，父母的言行举止对于孩子的影响很大，父母切莫误以为孩子还小，对于外部世界感知得不那么清楚，就不顾孩子的感受，做出让孩子感到惊恐和抗拒的事情。只有真正发自内心地尊重和平等对待孩子，父母与孩子之间才能更好地相处，建立友好的关系，父母也才能以爱与自由为孩子营造良好的成长环境，让孩子更加幸福快乐，使孩子的内心更加安宁。

引导孩子学会表达情绪

孩子虽然小，情绪可不少。但是孩子对于情绪的识别和表达能力有限，这就使他们在成长的过程中常常受到情绪的困扰。作为父母，一定要引导孩子学会表达情绪，这样孩子才能在成长的过程中渐渐主宰和驾驭情绪，也能减少因为情绪问题带给自己的困扰。

细心的父母会发现，孩子每当被负面情绪困扰的时候，总是无法有效地控制自己，尤其是当负面的情绪很激烈的时候，孩子因为表达能力有限，而不会用语言来抒发自己的感情、表达自己的情绪，因而常常会陷入各种崩溃的状态。有的孩子一旦有不如意的地方就会崩溃大哭，哭闹不

止，也有的孩子在极端愤怒的情况下会咬人、打人、骂人，还有一些性格刚烈的孩子甚至会伤害自己。不得不说，这些情况都是因为孩子不懂得表达情绪导致的。那么，解铃还须系铃人，作为父母，要先引导孩子学会表达情绪，首先要做到一点，那就是先教会孩子识别情绪。

首先，从心理学的角度而言，情绪是人的自然的心理体验，情绪虽然是自然而生的，但是每个人未必能够自然而然地懂得如何识别和分辨情绪。尤其是孩子，对于人生的经验不足，而且对于情绪的感知能力也很差。在这种情况下，他们一旦被负面情绪困扰，只会简单地表达自己是高兴还是生气，或者直截了当做出各种负面举动，而不会对各种微妙的情绪加以区分。实际上，情绪的种类有很多，孩子只有区分清楚自己的情绪属于哪种类型，才能有的放矢地去解决情绪问题。

其次，在区分情绪问题之后，父母还要告诉孩子一个原则，即治理情绪问题如同治理水患一样，宜疏不宜堵。很多人误以为要在情绪没有发生的时候防患于未然，或者在情绪已经发生之后压抑情绪，这样才能避免情绪爆发。实际上，情绪是需要疏导的，只有有效合理的疏导方式，才能缓解和消除不良情绪，否则人们很容易被不良情绪困扰。而压抑的情绪在孩子的心中就像一个不定时炸弹，也会在时间的酝酿和发酵下变得更加严重。因此，父母在帮助孩子面对情绪问题的时候，要告诉孩子情绪宜疏不宜堵的原则，这样才能让孩子在敏感觉察情绪之后，对于情绪问题采取合理有效的解决方法。很多人的情绪问题之所以积累到爆发且无法控制的程度，就是因为他们此前没有觉察情绪，或者在体察情绪之后又采取了回避或者压制的方式。情绪问题可大可小，重要的是采取有效的方式面对和处理。

再次，父母要教会孩子表达情绪的方式，让孩子掌握丰富的词汇来表达情绪。由于语言能力的限制，襁褓中的婴儿在情绪焦虑的时候，只能以哭泣或者微笑来表达自己的情绪，随着不断地成长，孩子的语言表达能力也在不断发展。渐渐地，他们可以用简单的词汇来表达自己的喜怒哀乐。作为父母，还应该以更加丰富的方式激发孩子的表达欲望，让孩子的表达更加丰富多彩。例如父母可以多给孩子讲故事，或者引导孩子养成阅读的好习惯。孩子的语言发展其实就是一个不断积累再到表达的过程，如果孩子头脑中没有任何有用的词汇，还如何能够准确到位地表达自身的情绪呢？对于孩子而言，用语言说出自己的心理状态和情绪问题，是发泄情绪的最好方式之一。很多成人都有这样的体验，那就是当心情不好的时候，把心里的话一股脑儿地说出来，虽然问题并没有得到实质性的解决，但是却觉得舒服多了。孩子也是如此。等到孩子渐渐长大，父母还可以引导孩子以写日记的方式表达自己的情绪，抒发自己的感情。

有次，父母要告诉孩子，情绪问题虽然是心理问题，关系到情感和体验，但实际上也与身体反应密切相关。每当情绪到达一定的激烈程度时，人的身体就会发生一系列反应。例如在激动的情况下，人会脸色绯红，说话语无伦次；在愤怒的情况下，人会满脸涨红，似乎满心的怒气都已经化作血液涌到脸上；在恐惧紧张的情况下，人还会心跳加速、呼吸急迫。总而言之，情绪问题尽管是心理问题，但是却会对人的身体产生一系列的影响和作用，作为父母，要让孩子了解因为情绪问题而引发的这些身体反应，从而孩子在感受到身体变化的时候不会感到迷惘，也可以根据自身的身体变化体察自身的情绪，或者根据他人的身体变化判断他人的情绪。这样一来，孩子对于情绪就会有更加深入的了解，也才可以在成长的道路上更加敏锐地觉察情绪、理性控制好情绪。

最后，父母还要教会孩子如何表达情绪。日常生活中，情绪总是随

时随地发生。作为父母，要告诉孩子如何表达情绪，唯有如此，孩子才能把此前对于情绪的了解和应对方式应用得恰到好处。作为父母，要言传身教，教会孩子对情绪进行正确应对的方法，也可以在发生相应情境的时候，引导孩子做出及时的表达。此外，对于那些不经常发生的情绪，父母还可以创设相关的情境，模拟真实的生活场景，告诉孩子要如何做才能处理好情绪，也才能尽量圆满地解决各种问题。孩子是很容易情绪冲动的，如果在没有心理准备的情况下，他们很容易陷入激动紧张的状态，做出失去理性的事情。只有加强练习，等到真正置身于相应情境之中的时候，孩子才能更加有的放矢、临危不乱。

总而言之，孩子缺乏生活经验，对于情绪的把控能力也不够强，父母除了关心孩子的生理需求之外，还要想方设法了解和洞察孩子的感情需求，这样，父母与孩子之间才能更好的交流与互动，孩子也才能健康快乐地成长。

以共情的心态理解孩子的消极情绪

现实生活中，很多父母都经历过孩子的哭闹场面，每当这时，如果是在家里等私人场合还好，如果是在人多的公共场合，父母往往会觉得很尴尬和紧张，甚至会因此觉得自己丢了面子，更有甚者会迁怒于孩子。其实，很多时候孩子受到消极情绪的困扰，并非故意要让父母难堪，而是因为他们也不知道如何控制好情绪，以避免糟糕的表现。这个时候，父母要以共情的心态对待孩子，设身处地站在孩子的角度和立场上考虑问题。唯有如此，父母才能体谅孩子的情绪感知。不可否认的是，作为成人，思维的方式与孩子是截然不同的，很多时候，父母自以为了解孩子，实际上也仅仅只是了解而已，他们并不能真正做到理解孩子。

很多心理学家针对孩子的消极情绪进行过研究，后来发现那些因为孩子闹情绪而导致亲子关系恶化的父母，大多数对于孩子没有耐心。很多父母看到孩子哭闹的时候，总是采取极端的方式解决问题。有些父母会马上对孩子妥协，答应孩子的一切要求，以为这样就可以让孩子暂停哭闹。事实的确如此，因为父母的妥协，孩子停止了哭闹，但是渐渐地，他们哭闹的次数越来越多，因为很擅长察言观色的他们发现哭闹是自己最强大的武器，也是对付父母、逼迫父母就范的撒手锏。也有的父母对于孩子的态度截然相反，他们会因为孩子的哭闹而极其厌烦，因此对孩子态度恶劣：哭什么哭，整天就知道哭，再哭就要挨揍。因为被父母恐吓，孩子也会停止哭闹，毕竟他们已经非常伤心了，不想再因此而挨打。除了这两种极端的方式之外，还有极少数的父母属于冷漠型的，对于孩子的苦恼他们完全无动于衷，而是很残忍地对孩子说：想哭就使劲哭吧，等哭完了再来找我！不得不说，此时此刻孩子在需要安慰的时候听到父母这样的话，心里一定会产生失望甚至是绝望的情绪。

实际上，这三种方式都不是很好，对孩子也会产生各种负面的作用和效果。第一种方式让孩子有恃无恐；第二种方式让孩子的负面情绪得不到宣泄；第三种方式则让孩子感受到父母的冷漠，甚至误以为父母根本不爱自己。天长日久，如果孩子始终不能得到父母正确友好的对待，他们在心理上就会出现各种各样的问题。当然，采取这三种方式的父母，对于孩子的负面情绪了解得都不够深入，也不明白孩子在特殊的年龄阶段呈现出的不同心理特点。养育孩子从来不是简单容易的事情，父母不但需要照顾孩子的衣食住行，还需要关注到孩子的情绪感受和心理状态。唯有全方位了

解和照顾孩子，父母才能走进孩子的心灵，也才能在与孩子相处的过程中给予孩子更好的帮助。父母要知道，孩子不是父母的附属品，也不是父母的私有物，因为从人格意义上而言，父母与孩子是完全平等的。当孩子遇到情绪问题的时候，父母一定要给予孩子最真切的关注和引导，而不要总是对孩子敷衍了事，更不要压抑或者忽略孩子的情绪。

对于孩子的情绪，很多父母都缺乏正确的认知，觉得孩子的情绪分为好情绪和坏情绪。实际上，情绪是孩子自然的心理体验，根本没有好坏之分，作为父母，最重要的是要引导孩子认识情绪，也帮助孩子正确面对情绪。当孩子出现负面情绪的时候，父母不要一味地压制或者回避孩子的情绪，而是要无条件接纳孩子的一切情绪，这样孩子才会获得安全感，也才不会因为情绪的发生而心怀愧疚。要想接纳孩子的情绪，父母要积极与孩子共情，所谓共情，就是设身处地地为孩子着想，就是站在孩子的立场和角度，给予孩子更多的关注和理解，更加体贴孩子。

每一个生命从呱呱坠地开始，就要依赖父母的照顾才能更好地生存。作为父母，要全方位地照顾孩子，也要无条件包容孩子，与孩子产生感情的共鸣。唯有如此，父母才能理解孩子各种稀奇古怪的想法，也才能对于孩子的很多情绪都怀有认可的态度。其实成人也会有这样的感受，那就是在自己感到悲伤的时候，也许不需要别人怎样来帮助解决问题，而只是需要别人认可自己的感受，情绪就会平静很多。有的时候，父母只需要在孩子哭闹不休或者情绪低落的时候，给予孩子一个温暖宽容的怀抱，就会让孩子感到安心和踏实。

引导孩子学会宣泄负面情绪

在生活的过程中，几乎每个人都会遇到不开心的事情，而孩子心思简单，人生经验匮乏，因此他们在面对人生的各种境遇时，往往会有更加敏感的情绪感受。有的时候，在父母眼中一件很小的事情，在孩子心中就会掀起轩然大波，这不是因为孩子矫情，而是因为他们心中的确就是这么想的。他们只是遵从心的指引，才会做出相应的举动。每当这时，父母不要强制孩子压抑情绪，而是要更加理解孩子，认可和接纳孩子的感受，这样孩子才能合理宣泄情绪，也才能尽快平复情绪。

对于每个人而言，当出现负面情绪的时候，一味地压制并不能产生良好的作用，反而会导致负面情绪在心中不断地酝酿，最终导致情绪爆发而产生严重的后果。只有直接面对负面情绪，才能让情绪得到有效缓解，也才能真正解决情绪问题。尤其是原本孩子表达情绪的能力就相对较差，也不知道如何表达自己的内心，因此父母在发现孩子情绪异常或者出现负面情绪的时候，不要对孩子的情绪问题视若无睹，而是要有的放矢地引导孩子宣泄负面情绪。唯有如此，孩子才能把心中的悲伤、难过、压抑等情绪发泄出去，从而感到更轻松。众所周知，孩子的心灵相对稚嫩，承受能力也有限，因此他们无法长期背负沉重的情绪负担。而如果任由孩子肆无忌惮地发泄，孩子一旦使用错误的方法，不但会伤害自己，还会伤害他人，也使人际关系变得恶劣。因此，父母要教会孩子使用正确的方式发泄情绪，这样孩子才能不断成长，保持情绪愉悦，也保持心理健康。

皮皮养了一条狗，这条狗是他过生日的时候妈妈送给他的生日礼物，他非常喜欢，还给小狗起名叫小黑。几个月的时间里，皮皮都坚持亲自照顾小狗，从来不假手于人，为此和小狗之间产生了深厚的感情。但是，小

狗生病了，危在旦夕。虽然爸爸妈妈带着小狗去了宠物医院诊治，但是医生也回天乏力。亲眼看着最爱的小狗死了，皮皮特别伤心，茶饭不思，整天眼泪汪汪的。爸爸妈妈看到皮皮的样子都很担心，爸爸向皮皮提出："要不，爸爸再送给你一条小狗，你自己去宠物店挑选，好不好？"皮皮心烦意乱，把爸爸从房间里赶出去，说："我不要，不要！你再买的小狗也不是之前的小狗，我只喜欢之前的小狗！"说着，皮皮又情绪崩溃，号啕大哭起来。爸爸几次三番劝说皮皮都没有效果，忍不住训斥皮皮："不就是一条小狗么，有什么大不了的。你还是男子汉呢，因为这点小事情就哭哭啼啼，简直让人看不起！"皮皮哭得更厉害了。

这个时候，妈妈回来了，看到皮皮伤心的样子，又看到爸爸那么生气，赶紧让爸爸不要再训斥皮皮。妈妈走到皮皮身边，对皮皮说："皮皮，你要是太伤心，就使劲哭一场，哭出来心里就好受了。妈妈能理解你的感受，我们也可以去埋葬小狗的地方，给小狗送一些它爱吃的零食。"听到妈妈的话，皮皮把心里的感情都发泄出来，哭了很久。后来，皮皮还为小狗画了一幅像，每当思念小狗的时候，他就会把画像拿出来看一看。渐渐地，皮皮从失去小狗的悲伤中走出来，重新快乐起来。

爸爸作为一个男子汉，很难理解年幼的皮皮失去小狗的悲伤，为此先是劝说皮皮不要伤心，在几次劝说未果的情况下就失去耐心，训斥皮皮不要哭泣。其实，皮皮只是个孩子，还不懂得压抑和掩饰自己的悲伤，对于他而言，他需要的是找到一个方法来发泄心中的悲伤，只有把悲伤之情全部发泻出来，他才能以更加平静的心态面对一切。妈妈很理解皮皮的情绪，没有劝说皮皮不要悲伤，也没有禁止皮皮哭泣，而是引导皮皮为小狗做一些事情以寄托哀思。这样一来，皮皮的情绪得到发泄，很快平复了情绪。

越是负面的情绪，越是不能长期压抑在心里，否则就会导致孩子的内心失去平静，变得扭曲。明智的父母会理解孩子的负面情绪，给予孩子更多的帮助和支持，正因如此，皮皮才能够正视小狗已经死去的现实，也可以真正战胜负面情绪。当然，作为父母，也要给孩子树立积极的榜样作用，不要经常当着孩子的面任由情绪泛滥，否则就会对孩子造成负面影响，导致孩子更加无法控制情绪。

除了哭泣之外，孩子还可以用倾诉的方式表达悲伤，以书写的方式记录悲伤，也可以采取绘画、唱歌等方式发泄心中的负面情绪。如果孩子本身很爱运动，父母还可以陪伴孩子一起运动，让孩子通过身体的疲惫放松心灵。这样一来，孩子会渐渐地恢复平静。好情绪，需要更加努力，唯有坚持做到最好，孩子的情绪才能始终愉悦，孩子的心态也才会健康向上。

让孩子更加理性

俗话说，五月的天，孩子的脸。众所周知，孩子的情绪变化非常大，前一秒还在笑，后一秒也许就会哭起来。为此，很多父母都会觉得孩子反复无常，还有些父母误以为孩子是在无理取闹，或者以哭闹要挟父母。我们不排除有些孩子的确会察言观色，以哭闹要挟父母，但是需要注意的是，绝大多数孩子不是这样的。他们之所以喜欢哭闹，是有生理原因的，是因为他们的大脑还没有发育成熟。

每个人在生命的历程中都会遇到各种不开心的事情。成人在心情不好的时候，会努力调节情绪，用理智控制自己。但是孩子还小，更加感性，他的理智还没有发展到一定程度，而情绪的发展远远超前。因此，很多孩

子在还不懂事的时候，就会哭笑，就能感受喜怒哀乐等各种复杂的情绪。心理学家对于人的大脑进行了研究，发现大脑的左半球是学术脑，掌管语言、逻辑思维等功能，大脑的右半球是艺术脑，掌管情绪、直觉感受等功能。而孩子的大脑还没有发育完全，在幼年时期，孩子主要由大脑的右半球起主导作用，占据主导地位。因此，也就决定了孩子很难坚持进行理性的思考，也无法掌控情绪。作为父母，要了解孩子的身心发展特点，尤其要知道孩子大脑的发展规律，这样才能有的放矢地引导和帮助孩子控制好情绪，也才能给予孩子最佳的帮助。

既然是大脑的发育规律决定了孩子无法在最短的时间内发育理性，那么父母要怎么做，才能引导孩子更加理性地思考呢？很多父母盲目听信所谓教育专家的话，觉得要先强化训练孩子的认知能力，再发展孩子的记忆能力，这样才能促使孩子的逻辑推理能力得到发展。其实不然，孩子的情绪发展在先、理性发展在后，这并不意味着情绪的发展只会导致孩子患得患失、喜怒无常。实际上，情绪的发展对于孩子而言非常重要，孩子必须在情绪的支持下，才能发展理智。为此，父母要做的是引导孩子的情绪，而不是限制孩子的情绪发展。只有帮助孩子的情绪获得更好的发展，孩子的理智才能水到渠成，获得更好的发展。对于父母而言，要区分清楚问题产生的原因，即孩子的情绪。为此，父母要帮助孩子稳定情绪。心理学家经过研究发现，人在愤怒的情况下智商会降低，为此父母要帮助孩子稳定情绪，否则孩子一旦情绪激动，学术脑就会闭合，而任由情绪脑发挥作用，这也是父母会觉得孩子不讲道理的原因。

父母要想帮助孩子梳理情绪，就要想方设法与孩子更好地进行沟通和交流。很多父母总是对孩子摆出一副家长权威的样子，不会平等对待和尊重孩子，可想而知，这必然会导致孩子很委屈，也会使孩子与父母的沟通面临很大的障碍。不打开孩子的心扉，父母如何能够了解和理解孩子，如何能够给予孩子的成长更好的陪伴呢？作为父母，要先端正自己对待孩子的态度，这样才能不断激励孩子进步。具体而言，父母要开发孩子的左右脑，让孩子的学术脑和情绪脑密切配合，这样孩子才能调动自身的积极情绪体验，掌控情绪。

很多父母一旦看到孩子情绪异常，第一反应就是批评和指责孩子。人的本能都是趋利避害的，孩子当然也不希望自己总是被否定和批评，为此对于父母马上就会产生抵触心理。明智的父母会先保持理性，让孩子描述具体的事情和原因，这样孩子才能调整好自身的情绪，才能在讲述具体事件的过程中让自己理清思路，恢复平静。接下来，父母要引导孩子进行分析。很多孩子一旦情绪冲动，就失去了分析和判断的能力，也导致自己非常被动。作为父母，要更加理性地认知孩子的情绪，也要引导孩子对待具体的事情勤于思考、深入分析。最后，父母还要教会孩子宽容，从反思自身的不足开始做起，解决问题，从而避免过度苛责他人。否则，父母如果总是放纵孩子，认为自己家的孩子没有任何错误，都是别人做错了，则孩子就会变本加厉、眼高于顶，也会盲目指责他人，丝毫不愿意进行反思。

在现实生活中，很多事情并没有绝对的对错。父母在和孩子相处的时候，也不要为了维持所谓的父母权威，就总是批评和训斥孩子。当父母犯了错误，也要及时对孩子承认错误，真诚地向孩子道歉，唯有如此，孩子才会从父母身上学习到积极认错、勇敢承担责任的优秀品质，从而有更好的表现。否则，如果父母都不愿意承认错误、反思自我，又如何能够培养出明智理性的孩子呢？在人生的道路上，每个人都要坚持学习和成长，才能更加成熟。

第 3 章

有爱的家庭环境，给孩子满满的安全感

家庭，是孩子成长的沃土。每个孩子从出生开始，就要在父母无微不至的关心和照顾下成长，也是父母为孩子支撑起一片广阔的天。有人说，爸爸对孩子最好的爱，就是爱孩子的妈妈。的确如此，对于孩子而言，最重要的不是家里是否富裕，而是父母相爱，家庭结构稳定，家庭氛围中充满了爱。这样孩子才能获得安全感，才能幸福快乐地成长。

良好的家庭环境是孩子成长的沃土

对于年幼的孩子而言，家是他们生命中的一片天。不管外部的大环境如何，只要家庭和睦，孩子的世界就没有风雨。随着不断地成长，孩子对于家庭的依赖程度虽然没有那么大了，但是他们却依然在贪婪地从家庭生活中汲取丰富的养分，滋养自己的生命。曾经有心理学家提出，那些从小家庭生活就很不幸福的孩子，缺乏人生的沃土，精神很贫瘠，感情上是乞丐，即使有朝一日长大成人，曾经童年生活的不幸也会在他们的人生之中投射下阴影。

在意大利，大名鼎鼎的诗人但丁说过，松树的种子扎根于石头缝隙中，最终会长得又矮又小；松树的种子扎根于肥沃的土壤中，一定会长成参天大树。这就是环境对于树木的影响，其实，孩子受到环境的影响更大。在中国古代，孟子的母亲为了更好地教育孟子，给予孟子良好的成长环境，带着孟子几次搬迁，直到搬到一所学校附近，才安定下来。环境对于人的影响力是非常巨大的，而在家庭生活中，决定家庭环境的恰恰是父母。正因如此，人们才说父母是孩子的第一任老师，也说父母是孩子最好的老师。学校教育从孩子6岁才开始系统进行，而每个生命从呱呱坠地的那一刻，就开始接受家庭教育，就开始受到父母言传身教的影响。为此，伟大的教育家从来都不会忽视家庭环境对孩子的影响，也会把家庭教育摆在对孩子进行教育的重要位置。

　　一个总是充满争执和打骂的家庭里走出来的孩子往往性格很压抑，内心充满郁闷和绝望。相反，一个总是充满欢声笑语和其乐融融的家庭里走出来的孩子往往内心充满阳光，非常明媚，哪怕遇到命运的坎坷和挫折，他们也会因为从小耳濡目染父母努力地生活，而激发自己的力量，督促自己更加努力、无所畏惧地前进。为此，作为父母要更加用爱去包容和理解孩子，给孩子营造充满爱与自由的成长环境，让家真正成为孩子温馨的港湾，为孩子提供最安全的休憩场所，让孩子的心灵深处非常安定。

　　每一个父母都想给孩子最幸福的家，那么父母要如何做，才能让孩子拥有理想中的家呢？

　　首先，一个美满的家庭一定要是完整的家庭。现代社会发展速度越来越快，导致人心变得非常浮躁，很多父母无法理性地思考婚姻和家庭，稍有不如意就选择离婚。不得不说，在没有孩子的时候离婚是夫妻俩之间的事情，而一旦有了孩子，离婚就变成三个人的事情，对于有孩子的父母而言，离婚的念头一旦产生，首先要重点考虑的就是如何保护好孩子，使孩子在父母破裂的婚姻中免遭伤害。

　　其次，夫妻之间发生矛盾和争执是很正常的，作为父母，千万不要当着孩子的面发生冲突，否则会让年幼的孩子感到非常害怕。遗憾的是，现实生活中能够真正做到这一点的父母少之又少，更多的父母一旦气昏了头，还会把孩子也牵扯进冲突之中，使得孩子被夹在父母之间左右为难。很多父母常年争吵，甚至因此而导致孩子极度缺乏安全感，患上严重的抑郁症，可谓得不偿失。有些父母当着孩子的面动手，无形中就影响了孩子。很多年幼的孩子在人际关系中表现很暴躁，而且动辄就会表现出暴力倾向，究其原因都可以追溯到父母身上。

最后，在家庭结构完整、稳定的基础上，在家庭气氛和谐融洽的基础上，父母还要尽量尊重和平等对待孩子，与孩子成为朋友。很多父母封建家长思想很严重，总觉得自己作为父母在家庭生活中就应该高高在上，对孩子颐指气使，而孩子则处于家庭中最低的地位，没有发言权。不得不说，如果孩子在家庭生活中得不到父母的尊重和爱护，那么在未来走上社会之后，他们还有信心去得到他人的尊重和平等对待吗？此外，很多父母都觉得随着孩子不断成长，父母与孩子之间的距离越来越遥远，根本不知道孩子在想些什么。不得不说，这其实是父母导致的。在大多数亲子关系中，尤其是在孩子小时候，父母都占据主导地位。如果父母不能主动和孩子友好相处，总是处处压制孩子，则孩子渐渐地就会关闭心扉，不愿意和父母进行沟通。这样一来，父母与孩子之间当然会渐行渐远。但是，到底拥有怎样的亲子关系，取决于父母奠定的亲子相处基础。父母只要多尊重孩子、多了解孩子，也愿意听孩子倾诉，就能够赢得孩子的信任，和孩子成为真正的好朋友。

总而言之，幸福美满的家庭生活离不开家庭里每个成员的努力，作为父母，更是要引导孩子尊重和信赖父母，这样孩子不管有什么事情都会愿意对父母倾诉。尤其是在遇到人生难题的时候，孩子也会积极地向父母求助。作为父母则要认识到一个事实，那就是孩子的成长道路不会是一帆风顺的，不管何时，父母都要成为孩子的坚强后盾，永远给孩子最强大的人生力量。古人云，宝剑锋从磨砺出，梅花香自苦寒来，孩子也只有接受磨砺，才能不断地成长。

陪伴是最长情的告白

随着时代的发展、社会的进步，职场的竞争日益激烈。作为父母，当然承受着很大的压力，因为他们不但要做好工作，还要肩负起照顾家庭的重任。为此，很多年轻的父母为了更加全心全意地工作，就会选择把孩子交给老人照顾。这其中，把老人接到身边来照顾孩子的家庭，父母下班之后还可以与孩子相处，而那些把孩子送回老家的家庭，有些父母与孩子一年之中也见不到几次面。可想而知，在这样的成长过程中，孩子对于父母一定感到很陌生。又因为老人只能照顾好孩子的衣食住行，而对于孩子的心理和情绪都不能起到引导的作用，所以使得很多留守儿童出现各种各样的心理问题。

如今，留守儿童已经成为社会现象。那么，如何解决这个问题呢？很多父母说总不能不工作，否则就没有钱养孩子。的确，作为父母总想给孩子最好的成长条件，但是他们一定弄错了一个问题，那就是孩子在成长的过程中真正需要的是什么？是父母每年到了春节买回家的新衣服和有趣玩具吗？是父母在千里之外打回家的一个问候家常的电话吗？作为父母如果从来不曾真正陪伴在孩子身边，就不会了解孩子的成长，也就无法对孩子起到教育和引导的作用。那么，生养孩子的目的又是什么呢？只是为了让生命变得完整、传宗接代吗？如今已经不是靠着人力取胜的时代，为此有再多的孩子并没有意义，真正明智的父母知道哪怕只生养一个孩子，也要把孩子照顾好，这样才能让孩子健康快乐。

在漫长的生活过程中，孩子会遇到各种各样的问题。年幼的时候，他们想和父母一起玩，想在父母的陪伴下无忧无虑地玩耍。等到渐渐长大，进入青春期，他们的人生面临很多的困惑，为此他们很需要得到父母的指引。作为父母，即使给孩子再多的钱、再丰富的物质条件，也无法弥补对于孩子成长的缺席。为此，明智的父母不会一味地为了挣钱而远离孩子，他们总能想方设法让孩子在自己的身边成长，使他们时刻都能感受到自己的爱。对于孩子而言，父母的陪伴是最长情的告白，父母唯有更加全力以赴介入孩子的人生，始终作为孩子成长的见证者，和孩子一起去面对和解决孩子成长过程中的各种问题，才能真正担当起父母的重任。

古人云，树欲静而风不止，子欲养而亲不待。这是告诫我们每个人都要在父母在的时候，孝敬父母，给予父母更多的陪伴和照顾，而不要等到父母有朝一日离开人世，再对父母的离去感到懊悔万分。这个时候，再多的悔恨也不能让父母复活，更不能让孩子充满遗憾的内心获得哪怕少许的安慰。其实，对待孩子何尝不是如此。太多的父母总是说等挣够了钱就回家陪伴孩子、守护孩子，却遗憾地发现孩子在不知不觉间已经长大了，而且习惯了没有父母在身边的日子。这个时候，父母就算有再多的钱，能让孩子的成长过程倒流吗？如果孩子没有走下坡路，只是与父母感情疏淡，倒也还好。如果孩子渐渐走向下坡路，变成混世魔王，那么父母是无法把迷途的孩子召唤回来的，因为父母与孩子之间失去了感情的纽带。

这段时间，爸爸工作一直特别忙，每天很晚下班回到家里之后，也要在书房里工作很长时间。有一个周末，爸爸正在赶着完成一项工作，儿子几次三番出入书房，爸爸渐渐失去耐心，想要训斥儿子。没想到，儿子怯生生地问爸爸："爸爸，你每个小时能挣多少钱？"爸爸头也不抬，回答道："30美元。"说完，爸爸继续埋头工作，甚至没有时间了解儿子为何要问这个问题。大概半个小时后，儿子回来了，捧着自己的储钱罐，对爸爸说："爸爸，我刚才数了一下，我这里大概有20美元。这些钱都给你，

我再欠你10美元，你可以和我一起玩一个小时吗？"

儿子的这句话突然击中了爸爸的内心，他猛然意识到自己已经有一个月没有和儿子亲密无间地玩耍了。看着儿子比起一个月前似乎又长高了一些，爸爸内心很受触动："就在我日复一日的忙碌中，儿子长大了。如果我再不陪伴他，也许他很快就会长得比我更高，到时候我就算是有大把的时间，儿子也不屑让我陪了。"想到这里，爸爸当即放下手里正在忙着的工作，对儿子说："儿子，你不用付钱，从现在开始，爸爸和你玩整整一个下午，好不好？"儿子高兴得一蹦三尺高，当即抱着爸爸的脖子，亲吻着爸爸的脸庞。爸爸的眼眶湿润了：孩子的幸福如此简单，我为何不满足他呢？

很多父母都对孩子怀有误解，总觉得孩子只有在得到好玩的玩具、漂亮的衣服时，才会感到高兴。殊不知，真正可以让孩子发自内心开怀大笑的，是父母全心全意的陪伴。孩子看似还很小，不懂得那么多事情，对于感情的认知也没有那么深刻，实际上这都是父母的误解。孩子的心是非常敏感细腻的，在不断成长的过程中，他们需要得到父母的认可与肯定，需要感受到父母的信任与托付，这样他们的内心才会更加丰满和充实，他们的精神才会更加健全和健康，他们也才会真正实现自身的价值，让自己有完整且富有意义的人生。父母一定要多抽时间陪伴孩子玩耍，对孩子寓教于乐，这对于教育孩子很重要，也可以加深亲子感情，建立和谐融洽的亲子关系，让整个家庭氛围都好起来。

在美国，有心理学家经过研究发现，那些童年时期与父母亲密相处、关系友好的孩子，长大之后患上人格障碍的风险大大降低。反之，那些在童年时期与父母关系很糟糕，也从来得不到父母关爱和陪伴的孩子，即使在长大成人之后也会面临人际交往的困境，会导致自己的内心出现很多的黑洞无法填补。作为父母，一定不要错过孩子的童年。很多养分，都是孩子童年时期最为需要的，否则孩子童年时期在感情方面处于营养不良的状态，未来长大成人之后就无法弥补。有的时候，即使只是安静地待在父母身边，也能让孩子感到内心很充实、很踏实。因而父母必须知道，孩子的成长不但需要充足的营养和丰富的物质条件，而且需要父母的陪伴，因为他们急需从父母那里得到感情的慰藉，得到父母的理解和引导。罗马不是一天建成的，孩子的成长过程不容错过，作为父母，要整理清楚工作与家庭之间的关系，也要分清楚挣钱和陪伴孩子的轻重主次。唯有如此，才能进行正确的思考，有正确的顺序，按部就班地在人生的特定阶段做好该做的事情。

让孩子具有幽默的品质

有人说，幽默是最高形式的智慧表现形式之一，的确如此。幽默不同于我们日常所说的开玩笑，也不是逗乐子，而是一种很高层次的精神享受，能够给人带来愉悦的感受，使人的内心得到满足。此外，幽默还是一种表现情绪的方式，和大多数人表现情绪会呈现出喜怒哀乐的状态不同，幽默的人以各种形式的幽默来表达自己的情绪和心理状态。因此作为父母在引导孩子认知和表达情绪的时候，一定不要忽略了幽默的重要作用。

古今中外，很多伟大的人都把幽默视为人生最重要的品质之一。俄国大名鼎鼎的作家契诃夫曾经告诉人们，一个人只有懂得幽默，内心才会充满希望。的确，即使在心情不好的时候，如果能够适时幽默一下，我们的内心也会变得更加轻松和愉悦。为此，作为父母，要培养孩子幽默的能

力，让孩子形成幽默的特质。这样一来，在不如意的人生之中，孩子才能尽情享受人生的幸福与快乐，也才能在生活的各种姿态和呈现中获得最高层次的满足。细心的父母还会发现，现实生活中，那些真正懂得幽默的孩子，大多数都是积极乐观、胸怀大度的，在人际交往的过程中，他们往往会拥有好人缘，受到很多人的欢迎和喜爱。此外，每当遭遇生活的坎坷和磨难时，他们也可以以阿Q精神来平衡自己的内心，尽量缓解和消除那些负面消极的情绪。

当然，有些父母本身就不够幽默，为此要先改变自己对生活的态度，才能更加积极地影响孩子。常言道，言传不如身教。如果父母在面对孩子的时候总是一本正经，从来不给孩子笑容，孩子如何能够把笑容展现给别人看呢？又如何能够做到幽默地面对一切呢？父母是孩子最好的老师，在与孩子共同生活、朝夕相处的过程中，父母的言传身教会潜移默化地对孩子起到最大的影响和最好的作用。为此，作为父母，要变得幽默，这样才能把幽默作为最宝贵的财富传递给孩子。

此外，有些父母很讲究父母的威严，为此在和孩子相处的时候总是高高在上、不苟言笑，即使孩子偶尔表现出幽默的品质，父母也会对孩子勒令喝止。其实，有些孩子天生就有一定程度的幽默感，而且会在生活中不经意的时刻表现出来。作为父母，一定要爱护孩子的幽默细胞，这样孩子才会乐此不疲地表现幽默。只有呵护孩子天生的幽默感，再引导孩子在成长的过程中学习更多的知识、积累更多的人生经验，孩子才会不断地成长、持续地进步，也会不断地提升幽默的能力，让自己真正成为一个乐观开朗的人。

在家庭生活中，父母还要积极地营造幽默的氛围。氛围，是最好的润滑剂，即使是陌生人在一起，只要有幽默的氛围，彼此之间也会很快变得熟悉和亲近起来，更何况是家人之间呢？在和谐愉悦的氛围中，幽默可以帮助人们变得更加亲密无间。如果气氛有些尴尬，幽默也可以及时消除尴尬，让一切都进展得更加顺利。此外，幽默的氛围还有助于激发孩子的谈兴，让孩子创造性地参与父母的交谈，对于促进孩子的智力发育也是很有好处的。

当然，幽默绝不仅是卖弄嘴皮子，而是要有深厚的文化底蕴作为基础，才能支撑起高大上的幽默。父母可以给孩子讲故事，等到孩子稍微长大一些，可以认字了，父母还要引导孩子养成阅读的好习惯。这些都有助于激励孩子学习，帮助孩子更加进步。与此同时，父母还要锻炼孩子的胆量，激发孩子对于生活的热爱。这样，孩子才敢于把自己对生活的智慧表现出来，也能教会孩子真正热爱生活，积极地拥抱生活。细心的父母会发现，孩子有一颗童心，纯真无邪，常常会说出有趣的童言童语。在这种情况下，父母也要怀有一颗童心，才能更好地与孩子交流，保护孩子的纯真。

幽默是生活的调味剂，要想让生活更有滋味、更加丰富多彩，就要善于运用幽默。如果孩子从小就具有幽默的能力，并不断提升自身幽默的品质，可想而知有朝一日长大成人之后，孩子一定会成为一个积极乐观，也处处受人欢迎的人，幽默不但能够让孩子笑口常开，也能给身边的人带来很多快乐，人生必然丰富精彩。

强大的孩子输得起

古人云，胜败乃兵家常事。在战场上，没有永远的常胜将军，在人生

的道路上，也不可能有人始终一帆风顺，把任何事情都做得非常圆满和完美。这个道理很多人都懂得，但是等到事情真正发生的时候，他们却又变得迷惘：为何会输掉呢？很多成人尚且不能坦然面对失败，更何况是孩子呢？尤其是在现代社会，大多数家庭都只有一个孩子，他们就在父母的呵护和宠爱下成长，一切需求都会得到满足，一切要求都会得到实现，为此孩子承受挫折和打击的能力越来越差，都有着一颗脆弱的玻璃心，根本无法从容面对人生的坎坷和磨难。不得不说，这对于孩子的成长是绝对没有好处的。纵然孩子现在在父母的保护下可以无忧无虑，但是再爱孩子的父母也终究会老去，不可能保护孩子一辈子，而得到父母再多疼爱的孩子也终究会长大，渐渐地离开父母，独立面对人生。为此，明智的父母不会让孩子变成温室里的花朵，经不起任何的风吹雨打，而是让孩子接受生命的历练，只有这样，孩子才会更加顽强，也渐渐地有能力面对人生的风雨。

真正强大的孩子，不是每次都能赢的孩子，而是即使输了也不气馁，始终都能对人生满怀信心和希望的孩子。他们内心很坚强，知道失败是成功之母，也真的能够踩着失败的阶梯不断前进。

佳佳是一个很要强的女孩，非常倔强。她对待学习的态度很认真，也十分勤奋，又因为天资聪颖，所以她在班级里是不折不扣的学霸，品学兼优，全方面发展，就算是在美术、音乐和体育方面，她也出类拔萃。偶尔一次因为表现不佳输掉，佳佳就会感到难以忍受、颓废沮丧。所以妈妈常常说佳佳什么都好，就是太脆弱。其实，妈妈很清楚，佳佳输不起，这是她致命的弱点。

在这次月考中，佳佳因为之前感冒发烧请假三天，所以错过了老师讲解重点，导致在数学考试中有一道非常重要的题目不会做。为此，佳佳的数学成绩退步很大，比上一次月考退步十几个名次。拿到试卷的那一刻，佳佳伤心地哭起来，老师安抚佳佳："佳佳，没关系的，你只是因为这道题目没有听到老师讲解才会错的。如果你不是因为感冒请假，老师相信你还会和以前一样是满分。"然而，佳佳纵然知道自己事出有因，还是不肯原谅自己，接连几天都闷闷不乐，就连上课都提不起精神来。妈妈非常担心佳佳，几次三番劝说佳佳要保持平常心，但是佳佳却振振有词地说："撒切尔夫人每次都赢！"妈妈说："如果你要求自己每次都赢，不能承受失败，你注定要遭受更多失败的打击。"

人非圣贤，孰能无过，尤其佳佳还是小孩子，正处于学习的关键时期，对于某些知识点掌握不牢固，这是在所难免的，她却因此而颓废沮丧，对自己非常失望，这就是输不起的表现。由此一来，她上课听讲都提不起精神，只会导致错过更多的学习内容。对于年幼的孩子而言，学习是眼下的重要任务，而实际上人生可不仅只有学习这一件事情，随着不断地成长，孩子还会遭受人生中更多的不如意，如果不能坦然面对，如何能够更好地成长呢？

对于每一个孩子而言，输不起都是很糟糕的表现，也是很危险的心态。作为父母，一定要及时引导孩子，纠正孩子输不起的心态，告诉孩子人生中有输有赢，只有勇敢承受失败，才会有更大的进步。当然，父母对于孩子的影响是很大的，很多父母本身就急功近利，不管做什么事情都争强好胜，渐渐地就会给孩子带来不好的影响。为此，要想给予孩子积极的引导和影响，父母首先要端正心态，这样才能在潜移默化中影响孩子。

当孩子面对挫折的时候，父母不要总是过度保护孩子，而是要让孩子学会独立面对挫折、解决问题。很多孩子之所以内心脆弱，就是因为父母总是给予他们无微不至的照顾，导致他们从未受到过任何打击。只有给孩子承受挫折的机会，孩子才会不断强大起来。当然，父母也要把握好合适

的度，而不要为了避免过度保护孩子，就肆无忌惮地否定和打击孩子。承受挫折和故意打击与否定截然不同。大多数孩子的自我评价能力发展不够完善，为此他们常常很在乎父母对他们的评价，甚至还会把父母的评价作为自我评价。如果父母肆意给孩子贴标签，就会导致孩子在成长过程中迷失自我，甚至自我评价过低。

为了帮助孩子保持良好的心态，父母可以尝试和孩子进行一些区分胜负输赢的游戏，从而循序渐进地引导孩子面对成功、接纳失败。尤其是要鼓励孩子参加一些有意义的集体活动，让孩子意识到人外有人、天外有天的道理，这样孩子才能点点滴滴地进步和成长，内心更加成熟，也变得越来越强大。

让孩子拥有感受幸福的能力

现代社会，常常有人抱怨自己的人生很不幸，因为他们不曾一出生就拥有至高的起点，也不曾得到命运的善待和青睐。实际上，这些不幸的人不是因为得到的太少，也不是因为失去的太多，而是因为他们缺乏一颗感恩的心，不能够获得内心的满足。人性是很贪婪的，很多人对于生活索求无度，而又不愿意付出更多。正是在这样矛盾的状态之中，他们的内心失去了平衡，致使对于人生的幸福感大大降低。

有位名人说过，这个世界上并不缺少美，缺少的只是发现美的眼睛。我们也要说，这个世界上并不缺少幸福，缺少的只是感受幸福的心灵。每个人只有拥有善于感受幸福的心灵，才能真正地拥有幸福，否则就算幸福正站在他们的面前，他们也会对幸福视若无睹。为此，作为父母，一定要努力培养孩子感受幸福的能力，从而真正有效地提升孩子的幸福度。

正值暑假，乐乐对于暑假的安排感到不太满意。因为爸爸妈妈都是普通的工薪阶层，为此在整个暑假期间，他们除了正常的周末休息之外，根本没有更多的假期。妈妈除了给乐乐报名参加培训班之外，只是隔三岔五地给乐乐买电影票，支持乐乐看电影。有一天晚上回家，乐乐坐在后排座位上，对正在开车的爸爸和坐在副驾驶位置上的妈妈说："这个暑假无聊透顶！"爸爸当即反驳："怎么无聊了？每天好吃好喝，有学上，有电影看，简直太幸福了！"乐乐不满地说："那是和你小时候比。我们班级里，好几个同学都去外地旅游了，还有的出国了呢！"爸爸说："我觉得这样就挺好。我们小时候暑假哪里有人管啊，爸爸妈妈都在外地挣钱，自己整天在地里玩，去沟里摸鱼，没有任何娱乐。"乐乐羡慕地说："我还想去沟里摸鱼呢，可惜你不让！"妈妈忍不住笑起来："你可别把沟里摸鱼想成是在景区清澈见底的沟里摸鱼。爸爸说的沟，就是奶奶家旁边的那条臭沟，一个死水潭，里面脏得要死。"乐乐说："那也比闷在家里强。"

妈妈问乐乐："你是不是很羡慕有的同学可以出国？"乐乐点点头。妈妈说："其实，我和你爸爸也想出国。谁不想过好日子，四处走走看看，逍遥自在呢？但是家里的经济条件有限，我和你爸爸只能给你这样的生活。我们已经竭尽所能为你提供最好的条件了，我觉得是比上不足、比下有余。你再想想大伯家里的哥哥姐姐，他们从小就和爷爷奶奶在农村长大，大伯和大娘一年才回家一次，孩子见不到父母，多可怜啊！"乐乐想了想，说："的确很可怜。不过，他们也不会被父母批评。"妈妈问："一个从来没有机会得到父母批评的孩子，你觉得他们能长大吗？能越来越好吗？"乐乐摇摇头，说："我也没觉得不好，只是还想更好。要不等我长大有出息了，带着你们去旅游吧！"妈妈对乐乐竖起大拇指。

每到暑假，孩子都想尽情尽兴地玩。然而，暑假到来，父母如果不是当老师的，根本没有暑假。为此，孩子想出去玩也没有人陪着，只能在家里进行简单的娱乐和休息。现在的孩子不像以前的孩子，相对闭塞，也不会攀比。如今，孩子的信息很灵通，早就通过网络知道了各种好玩的地方，也向往着可以出去走一走、玩一玩。作为父母，要教会孩子知足，而不要让孩子因为欲望无度，就对现状不满。

古人云，知足常乐。任何一个人，要想获得快乐和幸福，就一定要知足。否则，贪婪的心就像无底的深渊一样吞噬一切，再多的幸福和快乐也会消失无踪。当然，就算不出去旅游，孩子也可以有很多娱乐活动，如打篮球、学习游泳、和同学们一起开展活动等。正如人们常说的，旅行最重要的不是目的地，而是和谁在一起。知足的孩子会主动寻找乐趣，也会让自己获得最大限度的满足。拥有幸福感受力的孩子，才是真正富足的，也才是真正幸福与快乐的。

第 4 章

鼓励与赞扬，让孩子快乐成长的神奇魔法

孩子的快乐成长，离不开父母的鼓励与赞扬。当父母吝啬赞赏孩子，孩子就会对自己失去信心。反之，当父母慷慨赞赏孩子，经常鼓励孩子，孩子就会感受到自身的魅力，也会从父母的信任中获得极大的信心。这样一来，孩子才能轻舞飞扬，让自己变得更加简单、纯粹和快乐。

把孩子当成家庭里平等的一员

因为封建家庭思想的影响，很多父母对于孩子的心态都不正确，他们觉得自己生养了孩子，负责照顾孩子，就对孩子有了主宰权和控制权，为此就会把孩子的很多想法丝毫不看在眼里。有的时候，孩子想要表达不同的意见，或者想要参与家庭事务，父母还会对孩子各种呵斥，目的就是让孩子"闭嘴"。不得不说，这样的心态和想法是完全错误的，作为父母，一定要尊重孩子，把孩子当成家庭里平等的一员去对待，这样才能激励孩子的内心，让孩子自尊自信，也给予孩子更强大的人生力量。

现实生活中，尽管很多父母都把尊重和平等对待孩子挂在嘴边，但实际上真正能够做到的父母却少之又少。尤其是在家庭生活中，父母更是习惯了为孩子全权安排好一切，根本不管孩子怎么想，也会对孩子的真实需求置之不理。实际上，这对于培养孩子的自信心、提升孩子的自理能力、保护孩子的自尊心都是没有好处的，还会打击孩子参与家庭事务的积极性，导致孩子在成长过程中变得迷惘，无法摆正自己的位置，也无法激发自身的潜能去发展和成长。

周末，家里来了客人，是妈妈单位的同事阿姨。阿姨来到家里之后，乐乐原本在房间里写作业，听到有人敲门，他赶紧来到门口。这个时候，妈妈已经打开门了，正在和阿姨寒暄呢。乐乐安静地站在一旁，等到妈妈和阿姨说完话，他很有礼貌地问候阿姨："阿姨好，欢迎来我家做客！"

阿姨赶紧夸赞乐乐懂礼貌。

后来，乐乐写完作业，听到妈妈和阿姨聊天，谈笑风生，他也很想加入。为此，他坐在一旁安静地听妈妈和阿姨说话。等到妈妈和阿姨说话的间隙，乐乐对妈妈说："妈妈，我也想和你们说话！"妈妈不耐烦地说："刚才还夸你懂礼貌呢，现在怎么就表现不好了。大人说话，哪里有小孩子插嘴的份儿呢！"乐乐不高兴地嘟起嘴巴。这个时候，阿姨对乐乐说："乐乐，阿姨和妈妈说的是和女孩子有关的事情，你也想参与吗？"乐乐摇摇头，说："我喜欢变形金刚。"阿姨说："真的吗？我家的儿子也喜欢变形金刚，他和你差不多大，下次我再来找你妈妈的时候，把他带来和你一起玩，好不好？"乐乐高兴地点头。

在这个事例中，妈妈告诫乐乐大人说话没有小孩子插嘴的份儿，伤害了乐乐的自尊心，让乐乐脸上的表情瞬间由晴朗转为阴云密布。幸好阿姨看穿了乐乐的心思，及时找了个话题转移了乐乐的注意力，而且还承诺下次会带个小伙伴和乐乐一起玩，这才平复了乐乐的心情。很多父母在彼此交谈的时候，都不喜欢孩子参与和介入。当然，如果父母说的是很重要的问题，的确不应该被孩子听到的，那么最好避开孩子说。反之，如果父母说的话题是和孩子有关的，或者关系到家庭生活，那么孩子作为家庭的一员，是有权利介入的。很多父母总是习惯性否定孩子，一定要改掉这个不好的习惯，尤其是在有外人在场的情况下，父母必须给予孩子更多的尊重，才会让孩子感受到自己的分量。

现实生活中，很多父母都抱怨孩子不够自信，实际上，孩子的自信首先来自父母的尊重。只有父母尊重孩子，孩子才会觉得自己是独立的生命个体，才会努力地创造自身的价值。反之，如果孩子从小就得不到父母的尊重，那么长大之后他们会把自己看得很轻，而且还会不尊重别人。太多的父母固然知道如何爱孩子，却不知道如何尊重孩子，实际上给孩子足够的尊重比给孩子泛滥的爱更加重要。也有的父母对待孩子完全看心情，心情好的时候就无限度地满足孩子的所有要求和欲望，心情不好的时候就对孩子所说的话充耳不闻，甚至还会严厉呵斥孩子、肆意否定孩子。当父母这样反复无常地对待孩子，必然导致孩子的情绪也波澜起伏、阴晴不定。长此以往，孩子形成了情绪波动的坏习惯，会更加无法控制自己。

具体而言，父母平等对待孩子，就是要用心倾听孩子，接纳孩子的意见和态度，给予孩子表达主见的权利。父母尊重孩子，还要注意保护孩子的隐私。大多数父母对于孩子小时候的糗事都了如指掌，在说起和孩子有关的话题时常常情不自禁地以暴露孩子的隐私为乐趣。殊不知，孩子一天天长大，自尊心越来越强，也更加爱面子，父母这么做只会让他们感到崩溃和无奈。作为父母，尊重孩子要从方方面面、点点滴滴做起，而不要总是对孩子的很多事情觉得无所谓。发自内心的尊重，是重视孩子的感受，是尊重孩子的选择，也是给予孩子更加充满爱和自由的成长氛围与家庭环境。

父母的认可是孩子最大的动力

很多父母误以为，要想让孩子进步，就要不停地为孩子指出错误，这样才能让孩子持续地改正错误，从而不断地进步和成长。的确，父母这么想是有道理的，但却有失偏颇。因为对于孩子而言，他们更加渴望从父母那里得到的，是父母的认可和赞赏。孩子越是年幼，越是缺乏自我评价能力，又因为非常信任父母，所以他们会把父母对自己的评价看

得很重，还有一些孩子索性把父母的评价作为自我评价。很多父母都抱怨孩子不能理解父母的用心良苦，实际上，很多父母也不知道自己在孩子的心目中有多么重的分量。为此，他们在与孩子进行沟通的时候，才会对孩子肆无忌惮地说出一些话，在不知不觉间伤了孩子的心，自己却浑然不知。

在每一个孩子的心中，父母的认可与赞赏都是他们努力上进的动力。为此，作为父母，不要总是吝啬于表扬孩子，而要坚信好孩子都是夸出来的，父母只有慷慨赞扬孩子，孩子才会越来越自信。有心理学家经过研究发现，那些名校里的孩子，很容易对于自己的缺点过分关注，并且因此而陷入焦虑状态。这是因为他们从小就在聚光灯下生活，总是被父母挑剔和苛责，任何缺点都会被父母放大了来看，虽然父母的目的是让孩子变得更加完美、无懈可击，而实际上孩子却因此而变得很焦虑，甚至缺乏自信。与这些优秀却毫不自知的孩子恰恰相反，那些在父母的赏识教育中成长的孩子，内心充满自信，哪怕知道自己有很多的缺点，也依然相信自己是最优秀的。为此，他们在面对困难和挫折的时候，会表现出更多的勇气。

作为父母，要客观公正地看待孩子，不要因为自己希望孩子表现得更加完美且无懈可击，就对孩子高标准、严要求。还有很多父母喜欢把自家的孩子与别人家的孩子进行比较，而且不由分说地以自家孩子的缺点与别人家孩子的优点做比较。难道这样做对孩子公平吗？长此以往，孩子必然很自卑、很胆怯。

作为父母，要想培养出积极乐观的孩子，就要改变自己对待孩子的态度。不要再盯着孩子的缺点说个不停，而要从表扬孩子开始，让孩子意识到自己的优势和长处。正如一位名人所说的，世界上从不缺少美，只是缺少发现美的眼睛。那么作为父母，为何不以发现美的眼睛去挖掘孩子身上的优势和长处、找到孩子身上熠熠闪光的地方呢？很多教育专家主张父母对孩子要多表扬、少批评，是因为他们意识到自信心对于孩子的成长有至关重要的作用。作为父母，一定要慎重地对孩子进行评价，可以给孩子更多的表扬，发挥表扬的艺术，把孩子夸成好孩子，而不要以总是批评和否定孩子，使孩子误以为自己一无是处，也使得孩子对于成长有太多的被动和无奈。

当然，表扬孩子也是有技巧的。首先，表扬孩子要具体。很多父母表扬孩子，只会对孩子竖起大拇指，说"宝贝，你真棒""好样的"等诸如此类不咸不淡的话，渐渐地孩子就会听得疲惫，表扬也就无法起到预期的效果。与此相反，父母表扬孩子应具体生动。例如针对孩子做的某件事情，夸赞孩子某个方面的能力，这样的表扬更加真实，也有细节，会对孩子起到很好的激励作用。其次，表扬孩子要把握合适的时机。很多父母不分时间和场合地表扬孩子，非但无法激励孩子，反而使得孩子很尴尬，不得不说这是得不偿失的。所谓做得好不如做得巧，表扬孩子也要瞅准时机，才能让表扬的效果最好。再次，学会人后夸赞孩子。很多时候，父母过多地表扬孩子，会让孩子产生审美疲劳，这个时候，如果父母能够在人后夸赞孩子，再由对方把这份夸赞传递给孩子，孩子一定会受到极大鼓舞。最后，要表扬孩子不为人注意的细节。对于一个优秀的孩子而言，他的闪光点也许已经被别人夸赞了无数次，那么作为父母，要更加细心地观察孩子，表扬孩子不为人知的细节，这样孩子一定会感受到父母的用心，也会发自内心地高兴。当然，每个孩子都是独立的生命个体，既有优点，也有缺点，作为父母，要更加关注孩子本身，也可以根据孩子的脾气秉性等特点，有的放矢地采取合适的方式赞扬孩子，而不要总是套用各种方法

对待孩子，这样才能达到最好的效果，也最大限度地激励孩子努力进取。

表扬孩子是一门艺术，任何时候，父母对待孩子都要努力用心，成为最会表扬孩子的父母，这样才能表扬出最有自信的、最出类拔萃的孩子！对于不擅长表扬的父母而言，也要从现在开始改变对待孩子的方式，这样孩子才会不断成长，持续进步！

引导孩子客观正确地认知自我

前文说过，孩子在小的时候还没有形成自我评价能力，为此他们常常会不知道如何评价自己，也会把父母的评价据为己有，作为自我评价使用。在这个期间，父母要谨慎地评价孩子，否则就会在不经意间误导孩子。随着不断地成长，孩子各个方面的能力都在持续发展，他们的自我评价能力也有所提升。在这种情况下，父母就要引导孩子进行自我认知和自我评价。当然，前提是要让孩子学会客观正确地认识自我，只有这样，孩子才会对自己更加公允，也能有效避免妄自菲薄或者狂妄自大。

孩子渐渐成长，不再只留在家里，而是开始融入集体。在幼儿园阶段，老师对于孩子的评价还不会有那么大的区别，但是一旦进入小学阶段，因为孩子的学习成绩拉开差距，学习表现也截然不同，此时，老师对于孩子的评价会越来越悬殊。在这种情况下，父母有必要引导孩子进行自我评价，这样，孩子才能笃定地做好自己，也能避免受到外界有所偏颇的评价的不良影响。

真正的自信，是以自我评价为基础的。父母帮助孩子提升自我评价能力，引导孩子进行自我评价，有助于培养孩子的自信心。人是群居动物，每个人都在群体中生活，孩子虽然生活的环境相对简单，但是他们也要受到外部环境的影响。孩子是否自信，应该源自内心对于自己的认知，而不应该完全根据外部世界来评价自己。为此，父母要帮助孩子笃定做自己。举个最简单的例子，孩子在学校里与前任老师之间有很好的互动与沟通，得到了老师的好评。如果刚刚换了新老师，孩子与老师之间沟通得不顺畅，那么是否会因为新老师而影响对于自己的评价和判断呢？为了避免这种影响的发生，孩子就需要正确进行自我认知和评价，这样才能坚持做好自己该做的事情。

在这个世界上，没有任何人能够使所有人满意，孩子也是如此。与其盲目地根据别人的评价改变自己，不如笃定做好自己，做最真实的自己，这才是对自己负责的态度。就像东施效颦，非但没有西施那么美丽，反而贻笑大方，是真正的得不偿失。孩子固然要从谏如流、谦虚进步，但是也要在该坚持的时候坚持。很多东西都会带有个人的鲜明印记，一味地改变是不可取的，对做错的方面要改进，但是对于没有错误的方面，却要坚持，才能有更好的表现和更快的成长。

自从升入五年级，丽莎换了一个新的语文老师。三、四年级的语文老师是一个人，他一直非常喜欢丽莎，而且对于丽莎的文字风格也很欣赏，为此每次考试，丽莎的作文基本不扣分，或者顶多因为错别字或者错误的标点符号等小错误而扣掉1分。但是换了新老师之后，丽莎的作文扣分明显比以前多了，丽莎的语文成绩也出现波动，这让丽莎很苦恼。

有一个周末，丽莎写完作文草稿，检查完之后，又拿给妈妈看。妈妈问丽莎："怎么了？你以前可是最喜欢上作文课，最喜欢写作文的，现在怎么愁眉苦脸的？"丽莎说："妈妈，新来的老师好像不太喜欢我的作文，每次都至少扣掉3分。"听到丽莎这么说，妈妈看了看丽莎的作文

本，发现老师评价丽莎的作文辞藻不够华丽，文字略显苍白。妈妈问丽莎："你觉得你的作文有老师说的这些问题吗？"丽莎说："的确，我的作文没有那么多好词、好句子，不过这些都是我用心写的，我觉得很真诚。"妈妈笑着对丽莎说："其实，你这是朴素的文风，恰恰是之前的语文老师很喜欢的。我觉得，如果你也喜欢自己的风格，没有必要改变。作文就像是文学作品，一千个人眼中就有一千个哈姆雷特。你没有必要一定要迎合某一个老师，坚持做自己就好。当然，如果你觉得自己的作文可以多些润色，也可以使用一些好词好句子，这样或许看起来更出彩。决定权在你，好吗？"丽莎点点头。后来，丽莎没有改变自己的作文风格，因为她觉得文章恰如作者，而她本身也是一个朴实无华、脚踏实地的女孩。不过她采纳了妈妈的意见，适度使用一些好的词语，果然作文成绩得到了很大的提升。

一个人即使表现再好，也不可能得到所有人的喜爱。所谓萝卜白菜，各有所爱，为此作为父母没有必要要求孩子一定要表现得符合父母或者老师的期望，而是应该支持和鼓励孩子坚定不移地做自己。这样，孩子才能在这个迷乱的时代里坚定地做好自己，也才能矢志不渝地实现自己想要的人生。

作为父母，一定不要误导孩子总是迎合他人。因为每个人的评价标准都不同，也许迎合了这个人，恰恰得罪了那个人，最终还是不能讨好所有人。既然如此，为何不做好自己呢？结果依然是不能讨好所有人，但是却讨好了自己。当然，孩子是需要认可和鼓励的，父母在引导孩子进行自我评价的时候，一定要保护孩子的自尊心、自信心，这样孩子才会更加坚强勇敢。做人，既不要妄自菲薄，也不要妄自尊大，只有客观适度地评价自己，才能有更好的人生表现。当然，人的本能都是趋利避害的，很多人在评价自己的时候，明知道自己有很多缺点，也不愿意承认。成人如此，孩子也是如此。在这个方面，父母要给孩子做出榜样，当着孩子的面进行自我评价时不要只说自己的优点，也要说自己的不足。只有深刻地自我反思，才能更加深入地了解和中肯地评价自己，父母的榜样作用将会给孩子带来很大的影响。

教会孩子接纳和悦纳自我

自从进入小学高年级，妈妈发现梓悦越来越爱美了。一开始，梓悦根本不知道爱美是什么，自从升入六年级，看到班级里很多女生都花枝招展，穿着美丽的连衣裙，而且发型也越来越精致，梓悦似乎一下子就开了窍，对自己的相貌和身材都开始注意起来。

从小，梓悦就是个有婴儿肥的孩子，她皮肤白皙，白胖白胖的，每个看到她的人都说她很可爱。梓悦胃口一直很好，然而，随着不断成长，身体不断拔高，体重也水涨船高，梓悦呈现出身高和体重齐头并进的态势，并没有像其他孩子那样瘦下去。其实，爸爸妈妈觉得梓悦属于匀称型的，但是在这个以瘦为美的年代，梓悦坚持认为自己太胖了。为此，她开始节食，一下子就把食物摄入量减少了一半。才过了没几天，梓悦体重没减少多少，面色却开始蜡黄起来。妈妈苦口婆心地劝说梓悦："有的人天生就瘦，有的人天生就胖，你其实很幸运，不瘦也不胖，刚刚好。你现在正在长身体，不能节食，否则就会影响长高，也会影响智力发育，可谓得不偿失。等到上了大学，你渐渐就会瘦下来的，就算不瘦也没关系，我和爸爸都觉得你很匀称。"梓悦对妈妈的话不以为然："我是班级里最胖的女

孩，你们还说我刚刚好，真是自己生的孩子怎么看都好。我很自卑，我比其他女孩重十几二十斤呢！我什么时候才能把这些肉减下去啊！"因为一直节食，梓悦常常觉得头晕，去医院检查居然患上了贫血。

在青春期孩子的心中，如果自己不符合主流的审美标准，就是不完美，是不能被接受的。他们在心中无限放大自己的缺点，渐渐地变得迷惘，不知道应该如何摆正心态对待自己。实际上，这是孩子的自尊心太脆弱在作怪。很多孩子习惯了以自我为中心，总觉得自己的一切表现都会被别人看在眼里，即使是自己小小的不完美，也会遭到别人的嘲笑。实际上，每个人都在忙着关注自己，又有多少人能够关注到你呢？之所以觉得自己被人瞩目，只是孩子的内心太脆弱在作祟。

作为父母，要引导孩子建立正确的自信心，尤其是不要因为自卑而草木皆兵，觉得自己一定会被人嘲笑，也觉得自己是非常不完美的。很多父母对于孩子这样的心态并不放在心上，觉得是孩子在自寻烦恼，而实际上这些简单的、不值一提的小事，的确给孩子带来了很大的困扰。为此作为父母，要及时引导孩子，帮助孩子端正态度，形成正确的观念，这样孩子才会变得更加自信。尤其需要注意的是，如果孩子长期处于自卑的状态之中，他们就会变得非常被动，也会觉得十分无奈。长此以往，还会导致他们心理扭曲，让他们无法正确面对自己。越是如此，父母就越是要重视孩子的心理问题，也要避免孩子因此而自卑，不敢面对自己。越是完美主义情结严重的孩子，表现得越是明显。作为父母，要告诉孩子金无足赤，人无完人。为了增加说服力，可以以那些名人作为事例，讲给孩子听，这样一来，孩子会更加信服，也会放弃追求完美的执念。

此外，父母要告诉孩子，优点和缺点并不是绝对的，而是可以相互转化的。每个人降临人世，都带着自己独一无二的烙印，这些烙印之中既有缺点、也有优点，是各方面因素的综合作用才成就了与众不同、特立独行的我们。为此，孩子要对自己怀有宽容和接纳的态度，这样才能面对自己的各种优点和缺点，也才能勇敢地承认自己的错误，承担起自己的责任。

现代社会发展速度越来越快，很多人的内心都变得浮躁，尤其是孩子，因为缺乏对于美的鉴别和欣赏能力，他们更加流于表面，追求外在的美。为了帮助孩子形成正确的审美观念，也为了让孩子对于人生的认知更加深刻，父母要教会孩子认识到内在的美才是真正的美，才更加恒久。当然，这不是说让孩子不追求外在美，而是让孩子知道内在美比外在美更重要，从而引导孩子内外兼修。只有内心坦然从容，真正接纳和悦纳自己，孩子才会在人生中有更好的表现，也才能够真正地经营好自己的人生，让人生绽放出璀璨的光华！

父母要善于激发孩子的潜能

每个孩子的才华是不一样的，有的孩子外向开朗、口若悬河，是个天生的演说家；有的孩子内向沉默，总是一语不发，但是内心活动丰富，擅长绘画；有的孩子是跑步健将，跑起来就像飞毛腿一样，虎虎生风，让人追都追不上；也有的孩子对于算数特别敏感，珠心算学得炉火纯青……然而，这些优点不会全部集中在一个孩子身上，有的孩子看起来也许会很普通、很寻常，仿佛根本没有任何闪光点。

其实，不是孩子没有闪光点，而是因为父母还没有发现孩子的闪光点。作为父母，一定要善于激发孩子的潜能，因为孩子也许从表面上看起来毫无特别之处，实际上他是一颗包裹着珍珠的石头，需要父母的耐心开

发和精心打磨，才能绽放出异样的光彩。作为父母，要更加耐心地对待孩子，即使孩子表现平平，也不要认定孩子必然不会有出彩的地方。父母的信任，是孩子放飞自我、激发自身潜能的引子。古今中外，很多孩子得不到他人的认可和赞赏，却唯独得到了父母的支持，为此他们才能坚持做好自己，最终在人生中绽放光彩。

除了发现和挖掘孩子的闪光点之外，父母还要善于激发孩子的潜能。这就像是在给孩子报名参加兴趣班，一开始，孩子也不知道自己的兴趣到底是什么，父母更不知道。这就需要父母耐心地去尝试，观察孩子在不同的兴趣班里的表现。只要父母足够用心，一定能发现孩子的兴趣所在。当然，和兴趣相比，潜能也许隐藏得更深。就像当年爱因斯坦拿着那样的两个小板凳去交给老师，谁也没想到做出这种板凳的孩子有朝一日会成为伟大的科学家，但是爱因斯坦做到了。是因为妈妈始终都在支持爱因斯坦，为爱因斯坦提供更好的实验条件，始终鼓励爱因斯坦，所以爱因斯坦才能坚持走到人生的巅峰。

当然，孩子的潜能并非是孤立存在的，而是与孩子在其他方面的能力表现密切相关的。诸如，父母要了解孩子的脾气秉性，也要知道孩子的能力与水平。很多父母误以为孩子一定是性格外向才更好，才有出息，为此一看到自家孩子性格内向，就想方设法激发孩子的表达欲望，更试图改变孩子的性格。难道古往今来那些伟大的成功者都是性格外向的人吗？其实不然。写出世界名著《变形记》的卡夫卡，就是一个性格非常内向的孩子。曾经，父亲为了改变卡夫卡的性格做出了很多努力，卡夫卡自己也很痛苦。然而，正是这种内向敏感的性格，才让他笔下的世界富有极大的魅力。由此可见，任何事情都有两面性，外向有外向的好处，内向有内向的优势，父母要做的恰恰是接受孩子本来的样子，而不是想方设法地改变孩子。

　　每个孩子都是这个世界上独一无二的生命个体，他们不因模仿任何人而存在，当然，也没有人可以把自己变成他人的复制品。从两岁左右形成自我意识开始，孩子的个性就会越来越鲜明，他们所属的气质类型也会渐渐地表现出来。为此，父母要认真用心地观察孩子，这样才能有的放矢地引导孩子。有些父母在看到别人家的孩子那么优秀和出类拔萃之后，总是会抱怨自己家的孩子。殊不知，别人家的孩子再优秀也不是你的孩子，而你的孩子就算看起来很平庸，也一定有着不为人知的潜能。所以父母要肩负起这个艰巨的任务，在陪伴孩子成长的过程中近距离观察孩子，全力以赴激发孩子的潜能。

　　心理学家根据人的气质将人分为四种类型，即多血质、黏液质、胆汁质和抑郁质。每种气质类型的人会表现出不同的脾气秉性和个性特质，通常情况下，多血质的人适合当演讲家，他们活泼好动、反应敏捷，尤其喜欢各种新鲜事物，而且对于冒险乐此不疲。黏液质的人似乎是天生的实干家，他们性格温顺，喜欢安静，有的时候缺乏主动性，但是他们做事情很遵守规矩，也很专注于自己的内心，很少受到外部环境的不良影响。胆汁质的人是天生的外交家，他们精力旺盛，充满热情，但是他们很难控制自身的情绪，又因为追求独立和热情，显得有些有特立独行。他们很有主见，也愿意帮助别人，但也很急躁，不愿意被人改变。抑郁质的人生性胆小，沉默寡言，而且说起话来声音很小。他们不擅长人际交往，情绪相对稳定，不想引起很多人的注意，做事情墨守成规，不善变通，他们很具有成为作家、艺术家、哲学家和科学家的潜能。

　　当然，这样的类型划分并非是绝对的，很少有人单独属于某一种典型的类型，而大多数人会同时属于两种类型，对于这两种类型的优点和缺点也会兼而有之。作为父母，要更加深入地了解孩子，这样才能知道孩子具

体的类型。虽然这些类型的划分不能绝对代表孩子将来的人生发展，但是至少可以给父母激发孩子的潜能提供大概的方向。除此之外，父母就要根据孩子的具体表现来分析和判断孩子，从而有的放矢地引导孩子成长，帮助孩子持续进步。

第5章

呵护孩子的好奇心，顺势激发孩子的想象力和天赋

从学会独立行走开始，孩子就一刻不停地迈出他们探索的脚步。尤其是在两岁前后形成自我意识之后，孩子意识到自己与外部世界完全不是一回事，为此对于外部世界更加执着且充满热情。作为父母，要保护好孩子的好奇心，这样才能激发孩子的求知欲。当孩子四五岁的时候，他们的想象力得到快速发展，常常分不清想象与现实，也会把梦想带入现实生活之中。为此，他们说起话来常常让父母真假难辨，在这种情况下，父母不要批评和否定孩子，而是要更加保护孩子的想象力，让孩子的天赋得到最大限度的发挥，使之有最大的可能得到实现。

要保护孩子的探索精神

最近，妈妈发现才1岁的浩浩变得越来越调皮，尤其喜欢故意捣乱。浩浩已经学会走路了，他每天只要起床，最喜欢做的事情就是迈开自由的脚步，在家的乐园中肆无忌惮地探索。有一天，妈妈就上了个厕所的工夫，出来就找不到浩浩了，她吓得魂飞魄散，赶紧到处寻找浩浩。在找遍家里所有的房间之后，妈妈急昏了头，忽略了年幼的浩浩根本够不到门把手，不可能打开门离开家，而准备穿上鞋子出去寻找浩浩。然而，就在妈妈拿起手机给爸爸打电话的时候，耳边传来了浩浩的哭声。这哭声听起来就在屋子里，但是感觉又有些远远的。妈妈心急如焚，来不及跟爸爸说话，就又在家里四处寻找。最终，妈妈找到阳台上的滚筒洗衣机附近，才发现浩浩上半身扎在洗衣机里，只露出两只小脚在外面扑腾。妈妈吓得魂飞魄散，又不敢直接把浩浩从洗衣机里拽出来，生怕伤害到浩浩。就这样妈妈一边哭着，一边小心翼翼地检查浩浩上半身有没有被卡住，好不容易才把浩浩从洗衣机里救出来。此后，妈妈再也不敢把洗衣机的门开着，每次洗完衣服之后都会把洗衣机的门关得严严实实，生怕浩浩再钻进去。

此后，妈妈就算只是用1分钟的时间上厕所，也会把浩浩带到卫生间，一只手拉着浩浩，不让浩浩离开自己的视线。还有一次，浩浩趁着妈妈不注意在沙发上蹦来蹦去，从沙发上一头栽下来，磕到茶几上，头上摔出了一个大包。妈妈简直要崩溃，觉得只凭自己一个人根本看不住浩浩。而且

近来浩浩不管拿到什么东西，都会往地上扔，听到东西发出各种不同的声音，他就高兴得哈哈大笑，有一次他把一个玻璃杯扔到地上，差点儿伤到自己。从此以后，妈妈就把家里喝水的杯子都换成塑钢的了。

在孩子1岁之后，很多妈妈都会有深深的感慨：还不如小时候在襁褓里更好照顾呢！没错，襁褓中的孩子没有独立行动的能力，为此要跟着父母去各种地方，而在1岁之后，孩子会走路了，他们探索的脚步就不会停止下来。尤其是在6岁之前，孩子根本不知道危险是什么，更没有危险的意识，他们完全就是初生牛犊不怕虎，简直是看到老虎都要上去拔掉老虎的一根胡须。在这个阶段，父母一定要注意保护好孩子。

所谓的保护，就是保证孩子的安全。很多父母为了偷懒，也为了避免自己提心吊胆、担惊受怕，就会限制孩子的行动力，或者把孩子圈起来养育，每天关在家里，很少带孩子出门，或者把家里各种东西都收起来，绝不让孩子看到。殊不知，这样的做法是错误的。对于孩子而言，他们有着天生的好奇心和探索欲，在迈开脚步不断探索外部世界的过程中，他们才能获得学习的机会，坚持成长。正所谓不经历无以成经验，如果父母把孩子的所有经历都限制住，那么孩子成长的脚步就会停止。

在此过程中，父母看到孩子始终在不停地玩，而且变着花样不知道危险地玩，实际上孩子是在学习。从心理学的角度而言，这个成长阶段被称为探索游戏时期，说明孩子正是在探索的过程中才能坚持认识外部世界，也才能不断地学习和成长。当然，孩子这个小小探险家并没有那么齐全的装备，他们的探险工具就是自己的身体。细心的父母会发现，有一段时间孩子不管拿到什么东西都会放到嘴巴里咬一咬，一则是因为孩子正在经历口欲期，二则是因为孩子要通过嘴巴去感知不同东西的质地。也有一段时间，孩子不管拿到什么东西都会往外扔，这个阶段对于每个孩子而言出现的时间有早有晚，有的孩子才八九个月就会出现这样的行为，而有的孩子要到1岁之后才会出现这样的行为。孩子难道就喜欢乐此不疲地扔掉东西吗？其实不是，他们也是在学习。他们通过把东西扔到地上，倾听东西坠落的声音，从而区别各种东西的不同。

总而言之，孩子探索的形式多种多样，作为父母，要有足够的耐心陪伴孩子。在幼年阶段，孩子的理性发育相对滞后，而感情发育更加超前，为此他们就像自然界里的小动物一样随心所欲，从来不会收敛和约束自己。有的时候父母都惊讶孩子小小的身体中怎么蕴含着那么强大的能量，因为每天24个小时，除了睡觉的时间，孩子都一刻不停地动来动去，以空前高涨的热情进行对世界的探索。正因如此，人们才说探索是孩子的天性，孩子不需要任何人的驱使，就会自发地坚持进行探索。当探索行为被打断的时候，孩子会很不高兴。作为父母，要保护孩子的探索欲，要以正确的方式引导孩子进行探索，而不要误以为孩子是在顽皮淘气，因此就限制了孩子的自由行动。父母对待孩子的原则应该是：保证安全，少限制，少干涉，给孩子最大的自由空间。

为孩子营造良好的探索环境

父母之所以会粗暴地制止孩子探索，并非是因为孩子的探索会给他们带来麻烦、增加他们收拾家里和做家务的工作量，而是因为孩子缺乏安全意识，也不知道危险的存在，为此常常会在探索过程中伤害自己。没有父母愿意看到孩子被伤害，为了保证孩子的安全，很多父母就会限制孩子、干涉孩子。殊不知，这样一来孩子虽然相对安全了，但是他们的成长也受

到了限制。前文说过，探索的过程正是孩子进行学习和成长的过程，作为父母，不要以限制孩子的方式保证孩子的安全，而是要在保证孩子安全的情况下，给予孩子最大的自由，让他去尽情地探索。听起来，这很矛盾，这的确是个矛盾的题目，作为父母，却要解决这个难题。

让很多父母抓狂的是，孩子并不喜欢在他们精心打造的安全环境里自由地活动，而是父母不让他们去哪里，他们偏偏要去哪里；哪里危险最多，他们越是要冲向哪里。诸如卫生间、厨房等，这些对于孩子而言都是禁区，却成了孩子心目中最向往的探索乐园。

杰米3岁了，他最喜欢玩的地方不是他的玩具一角，也不是他的儿童房，而是对他而言充满危险的厨房。厨房里不但有锋利的刀子、滚烫的开水，还有各种电器、容易着火的燃气。每当看着杰米跟跄着朝着厨房走来，眼睛里冒出光芒，妈妈就忍不住想要把杰米抱回儿童房。然而，她必须控制住这种冲动，因为她知道厨房里有太多对于杰米而言未知的东西，所以厨房才会对杰米充满吸引力。

每次只要趁着妈妈不注意，杰米就会跑去厨房里进行探索。有一次，妈妈一个疏忽，杰米居然拉开厨房的抽屉，踩在抽屉上，想往台面上爬呢！还有一次，杰米尝试着拉开正在工作的消毒柜，幸亏妈妈及时赶来制止。以防万一，妈妈不得不把所有锋利的刀具都收拾到厨房的吊柜里，而且把冰箱、微波炉、消毒柜、蒸箱等各种电器的门都加上安全锁。灶台没法锁起来，妈妈只好每次做饭之后都把燃气总阀门关掉。即便如此，杰米有一次还是被厨房的大抽屉挤到了手指，疼得哇哇大哭了很长时间。

厨房对于孩子充满了神秘的吸引力，就是因为厨房里有各种危险的东西，而且这些东西都是孩子平日里接触不到的。孩子对于探索的执着和热情超出父母的想象，为了从根本上解决问题，父母最重要的不是在孩子跑进厨房之后把孩子赶出去，而是要保证厨房的安全，然后允许孩子去探索。有些父母非常不理解：有那么多新奇有趣的玩具，只玩了一两次就不愿意玩了，唯独对厨房里的东西乐此不疲，常常跑进去捣乱一番。难道厨房比玩具更吸引孩子吗？的确如此。

细心的父母会发现，很多孩子对于玩具的热情都很短暂。哪怕是他们非常想要得到的玩具，一旦得到之后玩过几次，他们就会将其放在一边，失去了兴趣。而对于父母禁止他们去玩的东西，因为他们始终不能真正去玩，也不能尽情去探索，所以这些东西就对他们产生了强烈的吸引力。尤其是当父母总是禁止孩子触碰各种东西的时候，孩子探索的欲望得不到满足，内心其实是很痛苦的。作为父母，不要一味地限制孩子，而应在保证安全的情况下给予孩子最大的探索空间。这样，孩子各方面的能力才会得到协调发展。

孩子的成长是环环相扣的，失去其中任意一环，都会让孩子呈现出一定的特点。例如很多父母因为心疼孩子，总是抱着孩子，导致孩子失去爬行的机会和乐趣，孩子长大之后肢体的协调能力也不会很好。再如，有些孩子在口欲期，被父母限制用嘴巴"吃"各种东西，那么即使在长到几岁之后，他们也常常会把一些东西放在嘴巴里，这是他们在给自己补课呢！为此，父母要尊重孩子的成长规律，给予孩子更好的陪伴，成为孩子探索世界的小伙伴，而不是成为孩子探索世界的阻挠者，使得孩子探索世界的欲望无法得到满足。

意大利大名鼎鼎的教育专家蒙台梭利认为，孩子需要在自由、有序、自然、美好的环境中成长。这样的环境，必然会给孩子提供最大范围的活动空间和探索空间。父母在购置家里的用品时，不但要考虑到成人的使用需求、也要考虑到能够满足孩子的探索欲望，从而尽量打造一个既能满足

成人的使用需求、也能满足孩子的探索欲望，而且非常安全的环境。此外，在孩子的秩序敏感期，他们对于身边的各种东西的秩序会很敏感，为此父母要把家里的物品都摆放整齐，让孩子可以自由地选择和取用。反之，如果一切都乱糟糟的，不仅不利于孩子自由选择和取用，对于孩子对秩序和美的追求，也会造成一定的困扰。孩子的世界远远比父母想象得更加丰富和复杂，父母必须不断地学习，了解孩子在相应年龄阶段的身心发展特点，才能为孩子营造更好的成长环境。

不要破坏和禁锢孩子的想象力

四五岁，孩子的想象力发展到很高的水平，但他们的认知能力和思维水平还不够高，所以他们常常会把想象和现实搞混，无法准确区分想象和现实。很多父母在孩子含糊不清的表述中，认定孩子在撒谎，实际上这是对孩子的误解。也有一些父母在看到孩子说的话不符合事实之后，会一味地纠正孩子，改变孩子的表达。殊不知，父母眼中所认为的对，实际上是对孩子想象力的扼杀。如果父母总是坚持以现实与孩子对话，长此以往还会破坏孩子的想象力，使得孩子的想象力被现实禁锢，无法自由自在地发展。

为此也有专家曾经提出，在孩子5岁之前，最好不要让孩子进行绘画学习，而应任由孩子在心的指引下，以手中的画笔画出各种他想画的形状，表达他心中天马行空的想象和千奇百怪的奇思妙想。否则，如果过早地让孩子接受绘画学习，孩子就会因为得到太多的指导反而失去了想象力，导致画出来的东西带有浓郁的工匠气息，毫无想象力和创造力可言。这对于孩子而言不是进步，而是失去了最宝贵的财富。

每个孩子的心中都有一个神奇瑰丽的世界，在这个世界中，他们随便怎么想、怎么做都可以，还可以用无穷的想象力来填补这个世界的空白。为此，他们的世界是千奇百怪、千变万化的，是他们灵感的源泉，是他们希望的所在，也是最能够吸引和驱动他们不断成长与完善自己的内驱力。有心的父母会用心倾听孩子的心声，尤其是当两个年纪相仿的孩子在一起交流的时候，他们会更加畅所欲言、无拘无束，因为只有彼此才是他们真正的知己，才能听懂他们的语言。这样的世界，往往是作为父母的成人无法理解的。为此，很多父母常常不知不觉就会破坏孩子以想象力构建的世界，带给孩子很大的伤害。

甜甜从小就很喜欢画画，才两三岁，就会拿着妈妈为她买的彩笔随手涂鸦。看到身边有很多孩子都去上绘画班，妈妈坚持不送甜甜去学，因为她想让甜甜始终能够按照自己的想法去绘画。

有一天回家，妈妈看到甜甜画了一幅关于天空的画，不过天空上的飞鸟很独特，没有翅膀，而是有着像鱼一样的鳍。爸爸看到甜甜的画，觉得很惊讶，问："甜甜，你这画的是什么呢？看起来不像鱼啊！"甜甜奶声奶气地回答："我画的是鱼。"爸爸更纳闷了："那这是天空还是海洋呢？""天空啊！"甜甜毫不迟疑地回答。爸爸正准备为甜甜指出错误，妈妈在一旁用眼神制止了他，对甜甜说："甜甜，你画的鱼真漂亮，它们还很神奇，可以在天空中飞翔！"甜甜骄傲极了，说："当然，它们是飞鱼。它们想去另一个海洋找小朋友玩，但是游过去太远了，所以它们就飞过去。"原来如此，妈妈恍然大悟，爸爸也情不自禁地笑了起来。

如果不是妈妈制止，爸爸很有可能告诉甜甜鱼只能在水里生活，而不能在天上飞。实际上，在孩子的世界里，没有现实生活中那么多的条条

框框和约束，他们只想天马行空地去想象，只想按照自己的喜好去安排一切。作为父母，一定要保护孩子的想象力，尤其是在孩子四五岁想象力最为丰富的时候，父母更不要残忍地打破孩子的想象，反而应该竭尽所能为孩子创造无拘无束、自由自在的天空，让孩子感受到生命的神奇和魅力。遗憾的是，现实生活中总是有很多父母会非常热心地为孩子答疑解惑，并且指导孩子。殊不知，孩子真正需要的不是现实世界里的所谓秩序，而是需要更多的成长空间。

　　每个孩子的心里都有一个神秘莫测的世界，这个世界充满了无穷的变化，是孩子发挥想象力的最佳场所。这个世界是孩子灵感的源泉，是孩子创造力的诞生地，也是孩子希望的所在。作为父母，当听到孩子口中说出各种奇怪的话时，不要对此感到难以理解，而应该认真倾听孩子，积极回应孩子，从而让孩子尽情地在想象的世界里驰骋。不管孩子说什么还是做什么，父母都不要对孩子指手画脚，只需要在一旁安静地欣赏就好。也有些父母会担心孩子的想象力太过丰富，会影响他们对于现实生活的把控，其实不然。每个孩子的成长都要经过这样的阶段，父母要尊重孩子成长的规律，才能最大限度地呵护孩子的心灵，保护孩子的成长。

父母的引导会给孩子插上翅膀

　　孩子到了四五岁，求知欲望空前强烈，为此很多父母都会惊讶于孩子为何有那么多问题，小嘴巴总是在喋喋不休地提问。很多父母都会被孩子无意间提出来的问题难住，不知道如何作答，这个时候，一定不要厌烦，也不要不懂装懂敷衍孩子，而要给予孩子更多的帮助和引导，积极地回答孩子提出的问题。

教育专家认为，孩子之所以提问，正是因为他们对于世界充满了好奇心，也似乎因为他们开始了深入思考的过程。只有在问题的启迪下，孩子才能不断思考、持续成长，才能发挥创造性思维，并且天马行空地提出很多创建性的问题。为此，父母要保护孩子的好奇心和求知欲，就要认真地引导孩子，而不要总是对孩子不厌其烦，更不要拒绝回答孩子的问题。曾经有一位大名鼎鼎的教育专家说过，父母唯有对孩子充满爱和耐心，才能给孩子的成长插上翅膀，而如果父母总是很无知或者对孩子极其不耐烦，就会扼杀孩子的好奇心，也会导致孩子的成长陷入各种负面的状态，使孩子变得非常无奈。作为父母，一定要慎重对待孩子的每一个提问，也要对于孩子突然冒出来的各种千奇百怪的想法表示尊重和理解。唯有如此，孩子才能更加快乐地成长，也才能在父母答疑解惑的耐心引导中变得越来越渴求知识，越来越健康快乐地成长。

从另一个角度而言，父母对于孩子提问的解答深度也会引导孩子的探索。例如，孩子问父母电视机里为何有人的样子出来，有的父母只是简单地回答是先录像再播放，而有的父母则会告诉孩子声像的传播原理。显而易见，这样两种截然不同的回答，对于孩子的启发和引导作用是截然不同的。因而父母也要博览群书，掌握更多的知识，这样才能给予孩子更好的引导和启发，也才能带领孩子在知识的海洋里畅游。总而言之，父母是孩子最好的老师，也是孩子人生的引导者和启发者。任何时候，父母都要肩负起带领孩子探索世界、探求知识的重任，这样孩子才能更加茁壮健康地成长。

很多父母都会羡慕别人家的孩子知识面广，对于很多方面的知识都有所涉猎，却不知道每一个知识广泛的孩子背后，都有热爱学习的父母。此

外，父母在回答孩子的提问时，还要坚持审慎的态度。很多父母对于孩子的提问不以为然，知道的问题就回答，不知道的问题懒得去寻找答案，就随便编造出一个答案来敷衍孩子。然而，孩子对于父母是非常信任的，对于父母所说的每一句话也会完全放在心上。在这样的情况下，父母随口回答孩子的问题，会严重误导孩子，导致孩子在成长过程中面临很多坎坷和障碍。

其实，父母在回答孩子的问题时，最好的方式不是直接告诉孩子答案，而是更加用心地启发和引导孩子，如对孩子提问为什么，从而引发孩子进行深入思考，还可以和孩子一起查阅资料，寻找问题的答案。这些方法，都可以有的放矢地帮助孩子加深思考，还可以教会孩子如何利用各种工具书、网络手段来为自己答疑解惑。

孩子还小，大脑发育不够成熟，大多数时候思维不够活跃，导致对于生活中的很多问题都视而不见，无法进行更加深入的思考。在这种情况下，父母就要负责启迪孩子的思维，引导孩子进行更加深入的思考。例如，秋天来了，问孩子树叶为何会变黄，纷纷飘落？冬天来了，问孩子为何冬天会下雪？这样启发孩子对于生活中的各种现象进行深入思考，有助于帮助孩子活跃思维，还可以让孩子对于世界充满好奇，使其更加全力以赴去探索。这样也就激发了孩子学习的动力，能够帮助孩子在知识的海洋中畅游，给予孩子的成长更多的助力，给予孩子的人生更多的可能性。父母的引导，会给孩子插上翅膀，让孩子在人生的天空之中自由自在地翱翔，感受生命的美好，感受世界的精彩！

让孩子多多感受和思考

俗话说，不经历无以成经验，对于孩子而言，他们的人生经验一定是匮乏的，为此他们很容易陷入各种被动的状态，对生活中的很多常见现象不能理解，也无法作出合理的解释。在这种情况下，父母除了要教会孩子更多的知识，帮助孩子答疑解惑之外，还要引导孩子多多感受生活。只有对于生活的经验越来越丰富，孩子的思考力才会增强，孩子对于人生也会有与众不同的感悟。

很多父母觉得知识是孩子成长的基础，奠定了孩子人生的根基，实际上，经验和知识一样重要。只有知识而没有经验，孩子的人生注定是贫瘠的，是纸上谈兵，只有把知识和人生经验结合起来，让经验为知识的助力，孩子才会获得更大的成长力量，让自己不断努力向上，发现人生崭新的境遇。

在日常生活中，父母一定要带着孩子多看世界，这样才能激发孩子更加高级的想象力，也让孩子基于知识和经验，对生活更加充满幻想、渴望和憧憬。很多父母更多地关注孩子的衣食住行，而常常忽略孩子的精神需求。实际上，孩子的精神需求同样求需要得到满足，这样孩子才会具有更强大的创造力，也才会有更快速的成长。古人云，读万卷书，行万里路。实际上，很多父母既没有培养孩子阅读的好习惯，也没有坚持带孩子走万里路，看遍世界。当然，走万里路的难度是很大的，因为需要父母的陪伴和家庭财力的支持。即使不能做到在短时间内带着孩子走遍世界，父母也可以引导孩子多看书。阅读，可以让孩子足不出户就更多地了解外部的世界，也可以激发孩子强烈的求知欲，同时间接增长孩子的阅历和知识。

最近，妈妈带着乐其去了科技馆。一开始，妈妈觉得乐其才5岁，对于

科技馆里的很多东西未必感兴趣，为此还犹豫现在带乐其去科技馆是不是有些太早了呢！没想到，到了科技馆之后，乐其对科技馆里的东西表现出了浓厚的兴趣，尤其是对那些技术含量很高的东西，乐其更是问东问西。

在走过科技馆里的时光隧道时，乐其看到了地球、月亮、星星等，不停地发出赞叹。回到家里之后，乐其还把在科技馆里的见闻讲给爸爸听呢！次日清晨起床，乐其告诉妈妈："妈妈，我做梦了，我去了月球，还乘坐了宇宙飞船！"看到乐其开心的样子，妈妈决定以后多带着乐其去科技馆，当然，还要去美术馆、历史博物馆等地方，让乐其接受更多的艺术熏陶，了解更多的人文历史。

因为去了科技馆，乐其的梦都变得不一样了。很多父母和乐其妈妈一样，担心孩子年纪小，去那些技术含量高的地方无法理解，实际上带着孩子开阔眼界何时都不嫌早。作为父母，一定要抓住各种机会、创造更多机会，带着孩子认知这个神秘的世界，从而更进一步激发孩子的想象力。唯有如此，孩子的想象力才会有更加丰富的基础，也才能变得更加精彩无限。

从心理学的角度而言，孩子想象力的发展要经历两个阶段：第一个阶段是无意想象，第二个阶段是有意想象。而有意想象，又分为创造想象和再造想象。通常情况下，婴幼儿的想象漫无目的，往往是因为在生活中受到刺激，从而让想象力自然延伸，才有所收获。为此，父母要想激发孩子的想象力，就要让孩子更多地了解世界、掌握知识，丰富他们的人生阅历，这样孩子才能在持续的积累中得到更多的刺激，想象力也才可以持续生发，从而有更好的发展，得到更为丰富的收获。细心的父母会发现，孩子的人生阅历越是丰富，想象力也就越丰富，可以天马行空做到更好。反之，如果孩子的内心很贫瘠、见识很浅薄，他们的想象力也就失去了生存和发展的土壤。

第6章

培养自信的孩子，让孩子活出最精彩的自我

相信是神奇的力量，孩子唯有相信自我，才能激发生命的潜能，绽放最精彩的人生。很多父母在教育孩子方面始终急功近利，恨不得马上就以"填鸭"的方式让孩子掌握更多的知识，使他们在学习上出类拔萃，未来也能出人头地。实际上，这些都不是教育孩子的重点，真正成功的教育，是提升孩子的自信，让孩子具有发自内心的力量，这样的孩子才是最强大的，也会拥有精彩的人生。

帮助孩子建立自信

在美国，种族歧视曾经很严重，黑人没有社会地位，还常常会受到排挤。为此，很多黑人的孩子都很自卑，他们不敢和白人孩子一起玩，看到白人孩子的时候，就会远远地躲开，生怕遭到嫌弃。

在公园里，几个白人孩子正在一起兴高采烈地玩耍，这时，有个老爷爷拿着一束气球走到公园里叫卖。白人孩子看到五颜六色的气球，马上蜂拥而上，他们每个人都买了一个气球，选择了自己喜欢的颜色。他们拿着气球在一起玩耍，心情如同五颜六色的气球一样五彩斑斓，非常绚烂。这些都是氢气球，很轻，可以飞上天空，为此在玩过之后，他们还会把气球放到天空中，看着气球越飞越高，成为天空中最亮丽的点缀。

老爷爷留意到，在公园的角落里，有个黑人孩子正在羡慕地看着白人孩子玩耍。看得出来，他很寂寞，也很想加入白人孩子的队伍，和白人孩子一起玩。但是，他很胆怯，不敢接近白人孩子，生怕被嫌弃。在白人孩子买气球的时候，黑人孩子也看着气球，但是他一直留在角落里。直到白人孩子都玩过了，散开回家了，黑人孩子才胆怯地走到老爷爷身边，对老爷爷说："我可以买一个气球吗？"老爷爷毫不迟疑地回答："当然！你想选择什么颜色呢？"黑人孩子眼睛盯着红艳艳的气球，却言不由衷地说："黑色的吧！"老爷爷惊讶极了，从五颜六色的气球里挑出黑色的气球给黑人孩子。黑人孩子拿着气球，马上松开手，气球飞上了天空。老爷

爷语重心长地对黑人孩子说："孩子，不管什么颜色的气球都能飞上天空，不管什么肤色的人，只要有自信，都可以成功。"黑人孩子的眼中闪耀着希望的光芒，他看着老爷爷，重重地点点头。

一个人如果没有自信，总是能找到各种自卑的理由，导致自己非常颓废沮丧，也就根本无法做出成就。相反，一个人如果满怀自信，哪怕身处坎坷和逆境，也总是能够有的放矢地改变人生，从而在生命的历程中不断地前进，突破困境，获得伟大的成就。就像故事中的老爷爷所说的那样，不管什么颜色的气球都能飞上天空，不管什么肤色的人都能获得成功，最重要的是心中要充满自信。

在孩子成长的过程中，自信是源源不断的永动力，为孩子提供奋斗的力量，也让孩子充满信心地去战胜自己面对的各种困难。任何时候，人生都要全力以赴地奔向前方，而不能停留在原地。为此，孩子也要不断地激励自己，让自己始终努力向前，开辟出属于自己的人生道路。正如鲁迅先生所说的，世界上本没有路，走的人多了，也便成了路。同样的道理，这个世界上从未有一蹴而就的成功，每个人要想获得成功，没有捷径，只能靠着自己开天辟地。遗憾的是，现实生活中，有太多的孩子始终在按照父母铺设好的道路前行，一旦遇到坎坷挫折，他们就会受到打击，变得颓废沮丧。作为父母，在引导和激励孩子成长的过程中，要不断地鼓舞孩子，帮助孩子提振信心，这样孩子在未来的人生中才能始终努力向上，绝不消极懈怠。

古人云，授人以鱼不如授人以渔，对于父母而言，帮助孩子解决一个两个或者十个八个的问题并非当务之急，当务之急是要让孩子充满自信地面对人生，这样不管未来遇到怎样的艰难坎坷，孩子始终都能砥砺前行。当然，孩子的自信并非与生俱来，而是在后天成长的过程中渐渐形成的。

作为父母，要正确引导孩子，要多多认可和鼓励孩子，不要总是否定和批评孩子，更不要肆意打击孩子或者给孩子"贴标签"。自信心对孩子的一生都会产生至关重要的影响，可以让孩子昂首挺胸行走人生之路，始终无所畏惧。

尊重孩子，孩子才会更自信

很多父母受封建家长思想的影响，在面对孩子的时候总是摆出一副高高在上的家长权威模样，有的时候还会对孩子颐指气使，肆无忌惮地对孩子指出各种错误，还会各种否定、批评和打击孩子。其实他们不知道，好孩子从来都不是训斥出来的，也不是以否定的方式管教出来的，而是父母用爱与耐心陪伴出来的。明智的父母不会对孩子居高临下，而是会发自内心地尊重孩子，从而给予孩子自信。遗憾的是，现实生活中，很多父母虽然把尊重孩子挂在嘴边，但是真正去做的时候，却不能做到尊重孩子。这样一来，孩子就渐渐地失去了自信，也会迷失在人生的道路上。

细心的父母会发现，那些自信的孩子即使在面对各种艰难坎坷的时候，也能够始终激励自己，而那些自卑的孩子哪怕正在做的很多事情都很顺利，他们也无法昂首挺胸地向前，这是因为他们没有自信，内心缺乏力量。那么孩子的自信来自哪里呢？从心理学的角度来讲，孩子要想自信，首先要自尊。只有自尊的孩子，才会更加相信自己，也才会拥有自信的力量。那么，父母又要如何培养孩子的自尊呢？最好的方式就是尊重孩子。当孩子感受到来自父母的尊重时，他们就会尊重自己，也会尊重他人，并且在这样的相互尊重中，感受到自己作为独立的生命个体存在，也获得更

加强大的自信。尤其是父母的尊重，会给予孩子更大的信心，这是因为父母是孩子最信任和依赖的人，他们非常看重父母对于自己的评价，有的时候还会把父母的评价作为自我评价。因而明智的父母不会因为任何理由而伤害孩子的自尊，打击孩子的自尊心，而是会以正确的方式对待孩子，以发自内心的真诚尊重孩子，这样孩子才会获得更加充分的自信，也才会变得坚强独立，让人生有更好的发展和成长。

　　马上就要暑假了，妈妈为美丽报名参加了夏令营。这是军队夏令营，也许会很艰苦，但是对于孩子来说是很好的锻炼机会，也可以改掉孩子身上娇生惯养的很多坏习惯，还可以磨炼孩子的意志力。为此，班级里的很多父母都参加了这次团购，美丽妈妈也给孩子报名了军队夏令营。

　　得知这个消息后，美丽并没有像其他孩子一样因为有机会去军营里生活而欢呼雀跃，她面无表情，不高兴也不难过，配合妈妈办理了相关的手续。就在夏令营即将开始的前两天，美丽突然对妈妈说："妈妈，我不想参加军队夏令营。"妈妈很纳闷："为什么呢？"美丽说："我们班级里上一期参加军队夏令营的同学说，特别艰苦，要进行几公里越野跑，还要半夜起床参加紧急集训等，总之很难坚持。"妈妈问："那么，你的同学中途退出了吗？"美丽摇摇头，说："她哭了好几次才勉强坚持下来。"妈妈语重心长地劝说美丽："其实，苦也就是暂时的。你想啊，那么多孩子都参加了，都坚持下来了，这是因为夏令营在设置锻炼课程的时候，是会考虑到你们的承受能力的。最重要的是你要有信心，想一想：别人都能坚持，我为什么不能？这么想着，你就会相信自己也能，而且表现还会比他们更好。"美丽还是很犹豫："但是真的很苦，我还从未有过夜里起床的经历呢！"妈妈说："那些说夏令营苦的孩子，新学期开始一定会在一起交流参加夏令营的感受，也会为此感到骄傲和自豪。那么你作为旁听者，如果在没有参加的时候就退却了，和他们能有共同语言吗？"妈妈反复劝说美丽，美丽终于答应参加。自从笃定了参加夏令营的决心，美丽反而不犹豫和纠结了，变得非常有自信："那些说夏令营苦的同学，原本体育成绩就很糟糕。我可是体育健将，我觉得我的表现会让他们刮目相看。"妈妈由衷地对美丽竖起大拇指，美丽觉得高兴极了。

从一开始不想参加夏令营，到后来树立信心参加夏令营、变得很有自信，美丽经历了一次心路历程。妈妈的坚持很有道理，因为妈妈意识到美丽需要有更多的人生经历，才能变得更加坚强。如今，很多父母动辄担心孩子能力有限，不能吃苦，却忽略了孩子不能吃苦的原因。对于孩子而言，不经历无以成经验，必须更加充满信心地面对人生，才能获得更快乐的成长。

具体而言，作为父母要想提升孩子的自信，就要做到以下几点。

首先，要发自内心地尊重和平等对待孩子，给予孩子自主选择的机会。很多父母都习惯了为孩子包办一切，不管做什么事情都不征求孩子的意见，即使在孩子提出反对意见的情况下，他们也会要求孩子必须顺从父母。殊不知，这样把自身的意愿强加在孩子身上的做法，一定会伤害孩子的自尊，也会让孩子的自信心受到打击，尤其是剥夺了孩子自己做主的权利，会让孩子觉得自己一无是处。只有民主和谐的家庭氛围，才有助于培养孩子的自信，让孩子更加全力以赴做好该做的事情，主宰自己的人生。

其次，父母要对孩子信守诺言，兑现对孩子的承诺。很多父母在和孩子相处的时候，总是会忘记对孩子兑现承诺，或者把对孩子的诺言完全忘记。当孩子提醒父母要兑现承诺的时候，父母还会很不耐烦，甚至觉得孩子没有资格对父母的行为作出评价。其实不然。父母与孩子从人格上而言是平等的，作为父母，要兑现对孩子的承诺，也要给予孩子监督父母言行

举止的权利。

再次，要爱惜孩子的面子，保护孩子的隐私。很多父母总是将孩子的隐私随意告诉别人，有些父母还会当着孩子的面对别人说起孩子的隐私，不得不说，这对孩子来说是很大的伤害。给孩子留面子，还要注意避免当着他人的面训斥和批评孩子。

最后，王子犯法，与庶民同罪，作为父母，要想让孩子有自信，就不要在孩子面前搞特权。很多父母对自己和对孩子有两个标准，双重要求，犯了"只许州官放火，不许百姓点灯"的错误。举个简单的例子，父母要求孩子晚上必须早些睡觉，而自己却看电视到很晚。不得不说，这对于孩子的成长是极为不利的，会使孩子觉得自己不被尊重，甚至被父母另眼看待，这样的心态必然导致孩子没有自信。父母在犯错误的时候，要及时向孩子道歉，这样孩子才会感受到父母真诚的态度，也会意识到父母和自己一样，知错能改，善莫大焉。

总而言之，父母要想帮助孩子树立自信，不但要尊重孩子、平等对待孩子，也要为孩子营造民主平等的氛围，这样，孩子才能在充满爱与自由的环境里，健康快乐地成长，才能与父母建立良好的亲子关系，也才能在与父母友好的交往中变得更有自信。

孩子不是用来比较的资本

每个孩子都是这个世界上独一无二的生命个体，都是非常独特且无法取代的。当然，金无足赤，人无完人，孩子有优点和长处，也会有缺点和短处。作为父母，要全盘接受孩子，而不要因为各种原因对孩子过分挑剔和苛责。虽然大多数父母都知道赏识孩子的道理，遗憾的是，在现实生活中，有很多父母都会情不自禁地把孩子拿来比较，以孩子作为比较的资本。父母的本意是以此来激励孩子不断努力进取，殊不知，这样的做法非但不能激励孩子，反而会引起孩子的反感，使得孩子自暴自弃，甚至故意与父母对着干。明智的父母从来不会随意把孩子用来比较，而是会尊重孩子，引导孩子扬长避短、取长补短，使孩子获得最好的成长和发展。

父母要知道，每个孩子之所以独特，就是因为他是自己，就是因为他们坚持做自己。正如有位名人所说，这个世界上如果没有丑，也就无所谓美。因而，真正的美是有所区别的，而不是把每个人都变得如同机器里生产出来的商品那样完全相同，否则也就无所谓美了。还有些父母会陷入一个误区，即总是把自己没有实现的梦想寄托在孩子身上，希望孩子能够代替他们去实现。孩子因着父母来到这个世界上，却不是父母的附属品，也不是父母的私有物，作为父母，必须尊重孩子，给予孩子自由成长的空间，只有这样，孩子才能坚持进步，变成真实的自己。

不管从哪个方面来看，以孩子作为比较的资本，对于孩子都没有任何好处。当孩子超过别人，父母从比较中获得内心的满足，却会导致孩子变得沾沾自喜，甚至扬扬得意；当孩子比不过别人，父母的好胜心受到打击，很容易因此而迁怒孩子，批评和否定孩子，会导致孩子的自信心受到严重打击，根本没有信心继续努力拼搏，也没有办法激励自己上进。由此可见，比较对于孩子的负面作用和影响是很严重的，作为父母，应该以其他的方式激励孩子努力进取，而不要以孩子作为资本去比较，满足父母的攀比之心和虚荣之心。

每次考试前夕，小敏都很发愁，这倒不是因为她很惧怕考试，而是因为她不想在考试之后被妈妈拿来比较。偏偏妈妈最爱做的事情就是比较，

一旦考试成绩出来，妈妈不管遇到谁，都会问对方的孩子考了多少分，然后把小敏的成绩也拿出来比较一番。遇到那些不是同年级的孩子父母还好，可比性不大，但是如果遇到同年级甚至是同班级的孩子，妈妈的比较简直就是无缝比较，总是能找出让小敏无地自容的地方来。

这不，妈妈刚才出去遇到了同单位的小张阿姨，恰巧小张阿姨的儿子和小敏在一个班级，而且学习成绩还和小敏不相上下。得知小张阿姨的儿子语文和英语没有小敏分数高，但是数学居然考了100分，妈妈马上忘记小敏在语文和英语方面的优势，回到家里劈头盖脸就开始数落小敏："小敏，你可要向小鹏好好学习，人家的数学居然是满分！我就不知道了，你们坐在一个课堂里学习，你的数学怎么才考了96分呢！按道理来说，女孩在小学阶段应该表现比男孩更好才对，学习上也会占据优势。你马上给我认真反省，我会买一本试卷，给你在假期里做的。"对于妈妈的话，小敏根本不想听，为此只是敷衍了事地对妈妈嗯哼了几声，就躲到房间里不愿意出来了。

作为父母，既要看到孩子不那么具有优势的方面，或者是看到孩子的劣势，也要看到孩子的优势，即孩子表现好的地方。遗憾的是，很多父母对于孩子只会一味地挑毛病，而且还常常会把孩子的劣势与其他孩子的优势进行比较，不得不说，这对于孩子而言是极大的不公平。

金无足赤，人无完人，在这个世界上，一个人不可能占据所有的优势，也不可能被所有的缺点缠身。为此，作为父母要学会理性地看待孩子，客观地评价孩子，而不要总是抓住孩子的缺点肆意打击和批评孩子。每一个父母都很爱自己的孩子，但是却有很多父母不会爱孩子。俗话说，人比人得死，货比货得扔。作为父母，正确的比较方法是，对孩子的今天与孩子的昨天进行比较，如果孩子有所进步，那么就意味着孩子在努力，就要认可和激励孩子。只有把针对众多孩子的横向比较变成针对孩子成长的纵向比较，比较才是公平合理的，也才是有意义的。

不要让孩子被自卑限制和拘束

当孩子对于自身的能力低估，或者对于自身的潜能没有正确的认知时，他们就会因此而变得自卑，并且被自卑的情绪笼罩。为此，他们常常觉得自己不如别人，也会因此而担心自己在做很多事情的时候比不上别人。当孩子长期处于对自己的怀疑之中，就会变得很自卑、很敏感，也因为内心焦虑紧张，而变得胆小、孤僻，不敢与他人相处，对于那些稍有些难度的事情，就会选择畏缩和放弃。实际上，这都是自卑惹的祸。只要能够战胜自卑，拥有自信，孩子就会表现出不同的样子。

通常情况下，自卑的孩子总是觉得自己不够优秀，为此在面对很多事情的时候，他们明明努力就可以做到，却因为自卑而主动选择放弃。自信的孩子面对失败的时候，总是能够激发自己的信心，让自己更加努力拼搏，战胜困难。而自卑的孩子面对小小的失败，就会一蹶不振，觉得自己一无是处，什么事情都做不好，也做不到。不得不说，只要不放弃，总还是可以有机会去尝试，获得成功的，而一旦放弃，也许避免了失败，却也同时彻底失去了成功的可能性。从信任的角度而言，如果一个人自己都不相信自己，又怎么可能赢得他人的尊重和信任呢？为此，作为父母，要想让孩子更加自信，就一定要帮助孩子摆脱自卑的困扰，战胜自卑的情绪，使他们真正做好自己。

最近这段时间，乐乐正在练字，他是从四年级才开始练字的。在班级

里，很多同学从一年级就开始练字了，为此乐乐对于自己很缺乏信心。练字半年，乐乐的进步还是很快的，为此老师在组织考级的时候，特意提出让乐乐也报名参加二级考试。然而，乐乐对此很怀疑，问老师："老师，我才练习半年，能考二级吗？"老师鼓励乐乐："当然可以，你没有问题的。要尝试一下，好不好？"乐乐很犹豫。

后来，老师把报名考级的事情告诉妈妈，妈妈和老师的观点一样，也主张让乐乐试一试。在妈妈和老师的再三鼓励下，乐乐这才下定决心加紧进行练习，冲刺考级。经过漫长的等待，考级结果出来了，乐乐如愿以偿顺利考级通过，这让他信心大增，他得意地说："看来，考级也没有那么难么！"妈妈趁势鼓励乐乐："是啊，很多事情是想着难，实际上真的到了要做的时候，只要拼尽全力，就没有那么难了。如果被想象中的困难吓住，连试也不试就放弃，怎么可能获得成功呢！以后，你一定要努力尝试，才能证明自己的实力，好不好？"乐乐点点头。

在没有经历考级成功之前，乐乐一定是有些自卑的，因为他觉得自己练字比其他同学晚，所以心里就没有底气。实际上，他的进步是很快的，而且因为他很勤奋，练字的效果非常好。幸好老师和妈妈都鼓励乐乐，让乐乐勇敢挑战，在顺利通过书法二级考试之后，乐乐变得很有自信，妈妈也趁热打铁，给了乐乐最大的激励。

孩子很容易自卑，是因为他们对于自己缺乏正确的认知和评价能力，也容易情绪不稳定。作为父母，要想帮助孩子战胜自卑，就要分析孩子自卑的原因。所谓解铃还须系铃人，只有找到孩子自卑的原因，有的放矢地消除这些原因对孩子产生的负面影响，父母才能有效地帮助孩子找回自信。

此外，父母还要引导孩子正确地认知和分析自己的优势与劣势所在。

很多孩子对于自己的优点一无所知，而又把自己的缺点无限放大，由此导致对自己的认识有失偏颇。父母可以引导孩子在一张纸上写下自己的优点和缺点，逐项进行分析，让孩子知道自己的优势所在，也知道自己的劣势和不足，从而扬长避短、取长补短，这样才能有效地提升自己。面对那些先天的缺陷，父母还可以帮助孩子尽力弥补，这样一来，孩子真正战胜缺陷之后就会获得自信，也会变得更加强大。

很多人误以为只有情绪才会影响行为，而行为不会影响情绪。其实不然。心理学家经过研究发现，很多时候，人的行为也会反作用于情绪。也就是说，当一个人不开心的时候会愁眉苦脸，而如果他能够激励自己，强颜欢笑，笑着笑着，他的情绪也会有所好转。同样的道理，孩子是否也可以假装自信呢？也许一开始是假的，等假装的时间长了，孩子就会真的变得自信，从而让自己充满力量。在日常生活中，父母还要为孩子树立好的榜样，诸如走路的时候要昂首挺胸，每天都要面带微笑地对待自己和他人，还要在面对很多问题的时候采取积极的思维去思考，进行表达的时候也要使用积极的语言。这样面面俱到地展现出自信的样子，孩子渐渐就会变得越来越自信。

从心理学的角度而言进行积极的自我暗示，也会对孩子产生良好的作用和效果。其实，积极的自我暗示和消极的自我暗示，会对孩子产生截然不同的作用。当然，家庭环境的熏陶也很重要。只有父母积极乐观，孩子才会积极乐观，而在消极情绪笼罩的家庭里，很难培养出积极向上的孩子。

对于孩子的点滴进步，都不要吝啬表扬

　　每个孩子都渴望得到父母的认可和赞赏，作为父母，一定不要吝啬对孩子说出肯定的话。很多父母抱怨孩子不理解父母的苦心，而实际上，作为父母的也不知道在孩子的心目中，把父母看得多么重要、多么有分量。新生命从呱呱坠地开始，就在依赖父母无微不至的照顾生活，在漫长的一生中，父母都是他们最亲近的人。尤其是年幼的时候，孩子主要在家庭里生活，他们和父母朝夕相处，更加在乎父母的评价。又因为他们的自我评价能力发育不完善，因而无法客观公正地评价和衡量自己，也常常感到迷惘和困惑。在这种情况下，父母一定要慷慨地表扬孩子，不要因为吝啬而不愿意对孩子说出认可的话来。

　　优秀的孩子不是父母批评出来的，而是在父母的表扬声中长大的。而且父母的表扬要及时、持续，而不要在这次表扬孩子之后，就觉得表扬能够激励孩子很长的时间。和很多东西一样，情绪也有保鲜期。孩子在有出色的表现之后，第一时间里感到非常兴奋，为此也很渴望得到父母的认可和赞赏。在这种情况下，父母要对孩子的表现及时进行表扬，这样才能在孩子最渴望的时候，给予孩子满足，从而使得表扬达到最好的效果。偏偏有很多父母对于孩子的表现丝毫不放在心上，孩子表现不好，父母会批评，而如果孩子表现很好，父母却无动于衷。渐渐地，孩子就会失去信心，不愿意继续努力表现。凡事都要抓住好时机，作为父母，也要抓住表扬孩子的好时机，这样才能给予孩子更好的激励。

　　当然，表扬孩子，不仅仅是空泛地认可，而是要对孩子的表现有更深入的认知和了解，也要发自内心地赏识。很多父母对孩子的表扬很泛滥，导致孩子对于表扬已经听得厌倦，也有很多父母只是虚情假意地表扬孩子，根本没有意识到孩子到底哪里表现很好、哪里表现不好。这些，当然都是不可取的。

在孩子心目中，父母的表扬非常重要。人的本能就是趋利避害，当父母坚持表扬孩子，渐渐地，孩子就会表现得更好，因为他们觉得自己就应该是父母所说的那样的人。很多人都说，好孩子都是夸出来的，正是这个道理。还需要注意的是，父母在表扬孩子的时候，不要总是对于孩子有过高的期望。很多父母喜欢先表扬孩子，然后对孩子提出更长远的期望，殊不知，孩子还小，承受能力有限，如果父母的期望太过远大，是孩子非常努力也无法达到和实现的，就会对孩子造成巨大的压力，也会导致孩子因为疲惫而放弃继续努力。明智的父母为孩子设定目标，提出对于孩子的期望时，会掌握一个原则，那就是目标要适度。所谓适度，就是这个目标不会很容易实现，因为太容易实现的目标对于孩子没有激励作用，也不会难度过大，因为难度过大的目标会使孩子在很努力却看不到成就之后，身心疲惫，很想放弃。目标的难易程度，应该以孩子的意志力和耐力都足以支撑他们实现目标为准，只有让孩子努力够一够才能实现的目标，才会对孩子起到最大的激励作用。

孩子的自信来自哪里？来自父母的尊重，来自对自己能力的正确认知和评价，也来自一次又一次地突破和超越自己，最终证明自己的能力和实力。当孩子通过努力实现了目标，当孩子又一次证明自己真的能够做到，他们当然会充满自信，也会非常努力进取，坚持不懈地前进。

帮助孩子扬长避短，发展孩子的核心竞争力

有研究表明，那些能够在特定领域做出突出贡献的人，往往是在该领域有独特天赋的人，也就是说一个人所取得的突出成绩，与他们的优势和特长是密切相关的。这是因为在擅长且感兴趣的领域中，人们更容易获得灵感，也能表现出与众不同的创造力。为此，作为父母要想让孩子将来做出杰出的成就，要发展孩子的特长，努力让孩子扬长避短，这样才能让孩子集中精力术业有专攻。在孩子的发展方面，如今的教育理念是提倡素质教育、全面发展。其实，所谓的全面发展只是相对而言的，因为每个人都不可能做到面面俱到。作为父母，在培养孩子的过程中，也要避开这个误区，这样才能顺从孩子的天性，激励孩子更加快速地成长。

在心理学上，有一个理论，叫作木桶理论。意思是说，一只木桶最终能盛多少水，不是取决于木桶最长的那块木板，而是取决于木桶最短的那块木板，为此很多父母会给孩子取长补短，督促孩子花费更多的时间来弥补短处。实际上，孩子的天赋不同，各自擅长的领域也不同，如果把宝贵的时间和精力都用于弥补短处，那么孩子就没有时间来发挥自身的优势和特长，从而形成核心竞争力。为此，父母的教育理念要与时俱进，也要从孩子自身的情况出发，以孩子的优势和特长为基础，给予孩子更好的引导和激发。当孩子在特长方面有出类拔萃的表现时，他们就会找到自信，也会因为在某一个方面遥遥领先，而对这个方面产生更加浓厚的兴趣。这样一来，孩子在特长方面的发展就会进入良性循环，学习也会更加轻松。

孩子天生就有不同，这一点是不容否认的。父母要接纳和认可孩子在天赋上的不同，从而努力用心地观察孩子，发现孩子的与众不同之处，发现孩子可以重点发展的方向。正如人们常说的，兴趣是最好的老师，实际上，特长也是最好的老师。如果一定要说成长有捷径，那么就是让孩子做自己喜欢的、感兴趣且擅长的事情，这样，孩子才能发挥自身的强势智慧，让成长事半功倍。很多父母都说不知道孩子的闪光点在哪里，也不知道孩子真正擅长什么。这么说的父母一定未曾认真、用心地观察孩子，也没有给予孩子足够的耐心。有些孩子自身的优势会表现得特别明显，而有些孩子自身的优势则会隐藏起来，需要一定的时间和适宜的条件才能呈现出来。因此，父母不但要有耐心，也要为孩子营造良好的成长环境，才能帮助孩子挖掘特长，从而正确引导和有力帮助孩子成长与发展。

遗憾的是，现实生活中依然有很多父母喜欢强迫孩子，按照自己的意愿安排孩子的学习，而忽略了孩子的兴趣和特长。不得不说，孩子做喜欢的事情事半功倍，做不喜欢甚至排斥和抗拒的事情，则一定会事倍功半。教育的目的不是培养出一样的孩子，一样优秀，也一样没有特色；一样强大，却一样不能出类拔萃，而是要发挥孩子的天性，激发孩子的潜能，让孩子变得与众不同。

不得不说，现代社会中，大多数父母都已经陷入教育焦虑状态，在对孩子的教育问题上，他们无一例外都很急功近利。他们希望孩子在学习上始终名列前茅，也希望孩子在其他方面有出类拔萃的表现。然而，孩子是人，而不是神仙，没有一个孩子可以面面俱到，也没有一个人可以真的站在金字塔尖藐视一切。金无足赤，人无完人。尺有所短，寸有所长。对待孩子的成长和教育问题，父母一定要保持理性的心态，给予孩子足够的耐心，既要让孩子健康快乐地成长，也要尊重孩子成长的规律和节奏，避免拔苗助长。记住，对于孩子而言，最大的成功不是成为父母所期望的样子，也不是获得世人眼中的成功，而是能够成为独特的自己，从而在不断努力证明自己的过程中获得自信，活出精彩的人生！

第 7 章

培养独立的孩子，让孩子学会打理自己的生活

自己的事情自己做，说起来是简简单单的一句话，实际上真正能够以此作为原则教养孩子的父母少之又少。大多数父母都把孩子当成命根子，再加上长辈无微不至的宠爱和照顾，所以孩子简直成了天之骄子，成了宇宙的中心，从小就习惯了衣来伸手、饭来张口的生活，别说为家里人做些什么，就连自理都做不到。但是，把孩子培养成"巨婴"，真的是父母想要看到的吗？也真的实现了父母对孩子的期望吗？一屋不扫，何以扫天下？对于孩子而言，只有先独立自主，才能真正主宰人生。

父母不是孩子的保姆

对于孩子而言，父母到底应该扮演怎样的角色？这样理性地去考虑，很多父母都能说出自己的诸多角色，如孩子的照顾者、陪伴者、引导者，朋友、伙伴和最信任的人。的确，对于父母这个角色每个人都有自己的理解，而实际上大多数父母不管嘴上怎么说，都扮演了错误的角色，那就是把自己当成孩子的保姆。现实生活中，太多的父母过度溺爱孩子，不管孩子要做什么事情，父母都会给孩子安排好，甚至为孩子代劳。有一所学校因为不放心才上一年级的孩子自己打扫卫生，到了周五大扫除的时候，有很多父母和爷爷奶奶拿着打扫卫生的工具，去学校里帮助孩子打扫卫生。这让人不得不反思：在这样的溺爱之下，孩子什么时候才能长大呢？

最可怕的是，有很多父母对于自己的保姆身份毫不自知，他们总是担心孩子会吃苦受累，也总是不想让孩子受到任何伤害。孩子本身并不那么懒惰，也并非什么事情都不想做，相反，他们对于生活充满了热情，对于世界充满好奇，为此他们常常会主动探索世界，也想要做更多的事情。但是父母不愿意让孩子去做，也剥夺了孩子很多的尝试机会和权利，导致孩子在长期的安逸生活中变得越来越懒惰和懈怠，根本不愿意激发自身的潜能做很多事情。正如古人所说，生于忧患，死于安乐。如果孩子始终在这样安逸舒适的环境中成长，他们最终会变成一个巨大的婴儿，什么事情都不会做，要始终依赖父母才能生存。那么等到有朝一日父母老了呢？孩子

不但没有人可以依靠，而且无法肩负起照顾和赡养父母的责任与义务。

父母对孩子的溺爱，是对孩子最大的伤害。父母只有对孩子放手，才能给予孩子更多的机会去锻炼自己，独立成长。作为父母，不要抱怨孩子懒惰、不能自理，也不能自立，也不要抱怨孩子胆小怯懦，遇到事情的时候缺乏主见。孩子不会天生强大，也不会天生怯懦，而是在后天成长的过程中得到父母的不同对待，才会成为不同的样子。明智的父母会给孩子更多的机会让他们亲自去做各种各样的事情，从而提升孩子各方面的能力，也督促和引导孩子独立成长。

作为一位老师，妈妈当然知道很多教育孩子的道理，但是当真正有了自己的孩子时，妈妈就把这些道理完全抛之脑后了。因为输卵管粘连，所以妈妈求子的道路很艰难，几经挫折才有了这个宝贝孩子。孩子出生之后，妈妈更是辞掉了工作，全心全意地照顾孩子，她把孩子视为造物主给自己的最好礼物，也把所有的爱，所有的时间和精力，所有的关注，都投注到孩子身上，不但忽略了自己，也忽略了世界。

在妈妈无微不至的照顾下，孩子一天天成长，他甚至不知道饭菜刚做好的时候是热的，因为每次当他坐到餐桌旁的时候，吃到嘴里的饭菜都是温热的、刚好可口的。孩子上了小学之后第一次中午在学校里吃饭，就被滚烫的菜汤烫到了嘴巴。直到高中毕业，孩子从未自己洗过短裤、袜子等小东西，更别说是做别的事情了。去大学上学，孩子不会自己洗衣服，幸好大学距离家里不远，孩子总是把积攒了两周、散发出臭味的脏衣服带回家里给妈妈洗。直到上了一年大学之后，他才学会用洗衣机，从那以后再也不用把衣服带到家里去洗了。参加工作之后，单位发了一身工作服，但是孩子不会系鞋带。原来从小到大，孩子从来没有自己系过鞋带，都是妈妈帮他系的。后来上学了，妈妈担心孩子不会系鞋带，给孩子买的都是不需要系鞋带的鞋子，或者是魔术贴的，或者是一脚蹬的懒人鞋。

不管是老师还是同学，抑或是同事，都可以容忍孩子在生活方面的低能。但是在孩子成家之后，对于生活的低能带来的弊端就很明显地表现出来。妻子只和他共同生活了一年，就看清楚了他懒惰无能的本质，果断地选择和他离婚，奔向自己的新生活去了。因为对于他能否过日子心存疑虑，妻子甚至一直在采取措施避孕，为此他们的婚姻结束得干脆利落，无牵无挂。至此，妈妈才意识到，除了自己，没有人会这样照顾"孩子"。妈妈很后悔曾经对于孩子这么纵容和宠溺，才导致了他如今婚姻的不顺利，也使得他的人生遭受严重的挫折和打击。然而，一切悔之晚矣，妈妈只好去给孩子洗衣做饭，照顾孩子的饮食起居，但是她不知道孩子今后能否找到愿意和他携手一生的人。

父母不可能永远当孩子的保姆，因为父母总会老去，而孩子总会长大，需要离开父母的身边，开始属于自己的人生。偏偏很多父母都不能认清楚这个现实，总是在自己还身强力壮、有能力照顾孩子的时候，心甘情愿地当孩子的保姆，殊不知这是害了孩子，而不是爱孩子。

很多父母每当看到别人家的孩子那么干脆利索、精明强干的时候，总是会抱怨自家的孩子做不到，还认为这是孩子的能力不足导致的。其实，父母不知道的是，很少有孩子天生能干，也很少有孩子天生无能。孩子到底是有能还是无能，大多数是后天养成的。作为父母，不要太勤快。孩子小时候需要父母无微不至的照顾，是因为他们没有能力自理。那么随着孩子不断成长，各方面的能力得以增强，父母也要与时俱进，而不要总是停留在孩子需要照顾的阶段。作为父母，唯有根据孩子的成长情况及时对孩子放手，才能让孩子循序渐进地得到锻炼，使能力和水平都相应得到提升。否则，如果父母总是对孩子全权包办，则孩子根本没有机会去锻炼，

又谈何成长呢？

有大学生因为没有见过带壳的鸡蛋，而在大学食堂里对着鸡蛋瞪眼睛，无从下口，也有大学生因为不会铺床，而在到达大学的第一个晚上只能坐在铺板上度过漫漫长夜。知识的学习和积累对于孩子而言固然重要，但是孩子唯有成为一个独立的人，才能成为一个有才之人。否则，连照顾自己的饮食起居都做不到，还谈何成才呢？作为父母，在培养和教育孩子的过程中，也要避免本末倒置，而是要给予孩子正确的引导和帮助，这样孩子才能坚持成长、持续进步。当然，不管孩子在进入大学后有怎样的表现，这实际上不是孩子的错误，既然他们能考上大学，证明他们的智力水平是正常的，他们之所以在生活方面低能，只是因为没有得到锻炼的机会而已。看到这样的新闻爆出，父母要更加及时地反省自身的教育方式是否有不恰当的地方，而不要一味地抱怨和指责孩子过于懒惰、生活低能。

在教育孩子的过程中，父母一定要坚持一个原则，那就是对于孩子能做的事情，必须让孩子自己去做，对于孩子想方设法可以做到的事情，就要让孩子自己去想，努力去尝试。任何时候，父母都不要把自己定位为保姆，而是要真正肩负起引导孩子成长的重任，才能成为合格的父母。

引导孩子做出理性选择

现实生活中，有很多孩子误以为自己是宇宙的中心，恨不得让全世界都围绕自己旋转，然而，他们想要从外部世界里得到的只是无微不至的照顾和安逸舒适的生活，因为他们从小就已经习惯得到父母这样全方位、无死角的照顾。从另一个角度而言,孩子并不具备成为宇宙主宰的潜质,因为他们长期以来习惯了依赖,习惯了不动脑筋去享受,甚至连自己的主人都做不成,还谈何主宰人生、改变命运、掌控世界呢?曾经有心理学家去一所中学进行调查,发现几乎所有的孩子在遇到难题的时候都会条件反射般地寄希望于让父母解决问题,而不会主动自发地思考,想方设法地战胜困难、解决问题。在他们之中,绝大多数人第一反应就是向父母求助,甚至连先自己思考、实在不能解决再求助于父母的孩子都凤毛麟角。在这样的情况下,他们按部就班地走着父母为他们铺设好或者设计好或者已经指明的道路,对于自己的未来没有任何设想,似乎他们只是父母的一颗棋子,只是父母手中的提线木偶而已。极少数略有主见的孩子,也表示会尊重父母的意见,因为父母说的总是对的。

在认识到这个现状之后,心理学家对于孩子的未来非常担忧。他提出,对于任何一个孩子而言,学习不好都不是最可怕的,最可怕的是他们对于人生没有规划,没有主见,也不能进行自主选择。有些孩子也许原本是有自主选择的意识的,但是却在父母长期的压制和安排下,渐渐变得麻木,觉得父母既然已经安排好一切,自己正好落得省心。在如今的教育环境下,大多数人都意识到培养孩子全面发展很重要,但是却忽略了在孩子的所有素质因素中,有主见,可以理性地分析,进行自主选择,这才是最重要的。

有人说人生是一场旅程,有人说人生是一次博弈,也有人说人生是一次航程……其实,人生不管是什么,都是由一次又一次的选择组成的。结果的对错让人生有了不同的呈现,而如果没有选择,就连犯错误的机会也会失去。一个不敢选择的孩子,必然是胆小怯懦的,也根本无法承担起对于人生的责任。一个敢于选择的孩子,才能在生命的历程中果断思考,坚

定不移地做出选择，也才能让人生有更加绚烂精彩的呈现。犯错不可怕，可怕的是无所作为；即使因为抉择失败导致人生退步也没关系，这远远好过让人生原地踏步，毫无变化。为此，作为父母，要把培养孩子的自主选择能力作为教育孩子的重中之重。当然，在此过程中，父母一定要控制好自己，不要总是情不自禁地主宰和安排孩子的人生，而是要有所收敛、有所控制，这样才能给予孩子更多的机会进行自主选择，也才能给予孩子更多成长的可能性。

具体而言，父母要怎么做才能提升孩子的自主选择能力，让孩子成为自己的主宰呢？

首先，父母要相信孩子。相信具有神奇的力量，父母的相信更是会让孩子迈开大步勇敢无畏地向前。反之，如果父母不相信孩子，就会削弱孩子原本就很脆弱的自信心，也会让本来就犹豫不定、迟疑不前的孩子在成长的过程中更加畏缩不前。因而作为父母，一定要相信孩子的能力，也要鼓励孩子不断勇往直前。很多父母总是担心孩子一旦做错，就会使自己受到伤害，其实正如人们常说的，不经历无以成经验，很多时候父母一味地保护孩子，禁止孩子做各种事情，虽然避免了孩子受到伤害，却也使得孩子对自己产生怀疑，根本无法迈开脚步去做该做的事情，根本无法怀有强烈的自信去证明自己的能力和实力。只有在父母的信任与期待之中，孩子才会更加快乐地成长，迈开脚步大步地畅行人生之路。

其次，父母要给孩子机会选择，如果没有机会，就要创造机会。孩子并非生而就有选择的意识，是父母在孩子成长的过程中，不断地引导孩子进行选择，培养孩子选择的能力和意识，孩子才会渐渐成长，越来越明确选择在人生中的重要意义，也渐渐地经过锻炼，敢于大胆选择，敢于做出选择。其实，选择的机会无处不在。例如周末的时候，让孩子选择去哪里玩，让孩子决定吃什么饭菜，让孩子选择看什么电影。这些都是日常生活中的小事情，很多父母会不由分说地为孩子做出选择，而实际上孩子可以自己选择，也可以努力争取做出更好的选择。只有在这些小事情之中坚持锻炼，孩子的选择能力才会越来越强，孩子在人生之中也才会有更好的成长和表现。

最后，父母要忍得住，对孩子的选择"袖手旁观"，做到真正尊重孩子的选择，也支持孩子承担选择的后果。很多父母都喜欢把自己的人生经验传授给孩子，认为孩子在借鉴父母的人生经验之后就会绕过一切弯路，直达人生巅峰。其实不然，对于孩子来说，很多事情必须亲身经历，他们才会有更深刻的感悟，而如果总是听父母的劝谏和教诲，孩子就会觉得自己失去了对于人生的主宰和控制权利，也会因此还没有亲自参与就已经进入事情的尾声，而心怀遗憾。俗话说，不撞南墙心不死，孩子正是这样的心态。作为父母，在保证孩子安全的情况下，何不就让孩子去撞一下南墙呢！只有撞过南墙的孩子，才会知道父母所说的一切都是为了他们好，这样在下次听父母说话的时候，他们才会更加认真地听取，而不会觉得父母是在废话和唠叨。明智的父母知道，让孩子撞一下南墙很重要，这有助于孩子增长人生经验，有助于孩子理解父母的苦心，也有助于孩子吃一堑长一智。

对于任何人而言，命运都不是从天而降的机遇，而是自己的很多主动选择集合起来形成的生命契机。真正的人生强者，不但有着强壮的体魄、渊博的知识和丰富的经验，而且还有着勇敢的胆识和人生的魄力，所以他们才能在面对人生岔路口的时候积极地做出选择，也为自己的人生争取到更多的机会和可能性。为此，明智的父母教育孩子，当务之急就是引导孩子做出选择，提升孩子选择的能力，这样孩子才能真正成为生命的主宰，驾驭人生！

给孩子机会做家务

对于做家务，很多父母都有误解，觉得做家务会浪费孩子宝贵的学习时间，为此他们往往包揽家务，让孩子有更多的时间学习、休息和玩耍。实际上，对于孩子而言，体力劳动并非只是学习技能和消耗体力这么简单，也不仅仅是提升孩子的思想水平，让孩子意识到劳动最光荣。大多数父母都不知道的是，体力劳动蕴藏着一个非常丰富的思想世界，会让孩子的人生变得广袤无垠。遗憾的是，在现实生活中，大多数父母都重视对孩子进行智力教育，而忽略对孩子体力的锻炼和培养。坚持做家务、进行体力劳动，不但可以让孩子强身健体，提升孩子的自理和自立能力，还可以提升孩子的意志力。所谓德智体美劳，可以看到在孩子的全面发展之中，劳动也占据着重要的位置。作为父母，一定要督促孩子全方面发展，不要剥夺孩子做家务的能力。

如今，有很多父母不但在家里不让孩子做家务，而且等到孩子开始去学校学习，也不让孩子做家务。总有一些小学生的父母或者爷爷奶奶、姥姥姥爷，会主动带着打扫卫生的工具去帮助孩子打扫教室。不得不说，这对于孩子的成长是没有好处的，会让孩子变得很懒惰懈怠，也失去了拼搏奋斗的动力。对于每个人而言，都要坚持自己的事情自己做，否则如果把应该由自己完成的事情都交给他人去做，就会让自己各方面的能力退步。古今中外，大多数伟大的成功者不是因为得到了父母全方位的照顾才能获得成功，而是因为他们始终坚持做好自己，始终在人生的道路上砥砺前行。

作为美国前总统，艾森豪威尔小时候家境贫穷，为此，他小小年纪就要帮助父母分担家务，做一些力所能及的事情。此外，父母对于孩子的要求非常严格，不但注重提升孩子的学习能力，也会培养孩子的自理能力、自立能力。正是在这样的家庭环境中成长，艾森豪威尔小小年纪就很懂事。

有一次，弟弟患上严重的猩红热，整个家里都因此慌乱起来，父母集中所有的力量去照顾弟弟，哥哥们则在外面做工，减轻父母的经济负担。由此一来，做家务的责任就落在艾森豪威尔的身上，他必须为家里人洗衣做饭。妈妈手把手教艾森豪威尔洗菜、切菜，烧火做饭，又告诉艾森豪威尔当天吃什么，就忙着去照顾弟弟了。看着只有自己的厨房，艾森豪威尔感到很迷惘。在此之前，他从未做过饭菜，但是从现在开始，他就要负责给一家人准备食物。他非但不觉得很难，也不抱怨辛苦，反而觉得做饭菜是一件有趣的事情。然而，全家人都成了他的小白鼠，因为他初次做出来的饭菜真的很难吃。但是，大家都没有抱怨，而是鼓励艾森豪威尔。渐渐地，随着在厨房里工作的时间越来越长，艾森豪威尔最终练就了一手好厨艺，做出来的饭菜越来越美味。

对于一个男孩子而言，原本一点儿都不熟悉厨房，却被生活逼迫着肩负起为一家人做饭的重任，哪怕非常用心，一开始也是无法把饭菜做得美味的。幸好，艾森豪威尔很有耐心，也愿意琢磨如何把饭菜做得好吃，为此他的厨艺才会越来越好。也许有些男孩子不屑于做饭，觉得做饭是女性的分内之事，其实不然。艾森豪威尔给家人做了很长时间的饭菜，但是这并不影响他学习，也不影响他日后成为总统、管理好美国。由此可见，做家务的能力其实是每个人都应该具备的能力，父母和孩子都应该摆正心态，这样才有助于孩子养成做家务的好习惯。

很多教育专家都会把做家务作为考核孩子的一个标准，甚至提出善于做家务的孩子具有更强的生存能力，也能够适应不如意的生活。当然，孩子并非生而就会做家务，父母要给孩子机会尝试着做家务，即使孩子做得

不好，父母也要多多认可和鼓励孩子，这样孩子才会继续保持对于做家务的热情，从而把家务活儿越做越好。需要注意的是，作为父母，不要总是当着孩子的面抱怨做家务太苦太累。正如大家所说，劳动最光荣，每个人都应该竭尽所能把家务活儿做好，也应该以能够做好家务为荣。

也有一些父母觉得孩子还小，不会做家务，又担心孩子不能把家务活儿做好，反而会起到相反的作用，给父母添麻烦。其实，谁不是从不会到会的呢？没有人天生就擅长做家务，作为父母，要给孩子更多的机会，也要创造机会让孩子做家务。即使孩子做得不好，父母也要认可和鼓励孩子，不断激励孩子更加努力上进，把家务活儿做得更好。当然，做家务也未必只是辛苦和劳累，也是有技巧的。当孩子掌握了做家务的技巧，也能够体验劳动带来的成就感和荣誉感时，他们当然会爱上做家务。

当然，一个人做好一件事情并不难，难的是始终坚持做好事。其实，不仅坚持做好事很难，坚持把小事情做好同样很难。为此，父母在引导孩子做家务的时候，切勿三天打鱼，两天晒网，而是要对孩子有稳定的要求，帮助孩子养成做家务的好习惯。这样孩子才能爱上做家务，也才能够在做家务的过程中找到快乐。此外，做家务还是一项责任。当孩子小的时候，要负责做好家务，等到孩子渐渐长大，就要和父母分担家务。有朝一日孩子长大了，组成自己的家庭，还要承担起做自己家的家务，给自己的孩子营造一个干净整洁的家庭环境的责任。这是一代又一代人不可推卸的责任，从对做家务的改变来看，正好可以看到孩子成长的轨迹和过程。不可否认的是，做家务不会总是让人愉快的，有些家务活又苦又累，需要孩子坚持去做，为此父母要培养孩子的意志力，让孩子学会坚持，努力承担。

让孩子动起来，做事情

还记得小时候特别爱看的儿童电视节目《七巧板》吗？这是很多70后和80后父母的回忆，带有浓郁的童年味道。相信在很多70后和80后父母中，有很多人都曾经跟随《七巧板》一起做手工，折过纸船、青蛙等。当然，随着时代的发展，各种用品都变得更加方便易用，如今孩子可以买到折纸的书，书上不但有折纸说明，还有裁剪标识。现在的孩子是非常幸福的，可以有的放矢地学习，也可以按照需要购买很多方便的学习用品。记得在小学时，学校里还会发劳动课教材，实际上就是一包材料，里面有进行各种实验所需的用具。这也是教育系统为了培养孩子的动手能力而特意准备的。

对于孩子的成长来说，动手能力是非常重要的。在西方国家，曾经有社会学家、儿童教育专家等对孩子动手能力进行调查，最终发现动手能力强的孩子，长大之后就业率更高，而且犯罪率降低。因为有稳定的工作，也有一技之长，更加善于钻研，因而他们的收入也相对比较高。当然，仅凭这个调查不能完全证明什么，但是从心理学的角度来说，孩子爱动手，则脑部发育更加成熟和完善，智力水平相对较高。俗话说，心灵手巧，这就告诉我们一个孩子爱动手，则往往意味着他们的智力发育达到一个较高的水平。更有医学专家指出，人的智力水平和动手能力是呈现正相关的，为此锻炼手部的灵活性，也可以间接促进孩子的智力发育。总而言之，手部灵活和脑部发育是密切相关的，作为父母，在教养孩子的过程中，不要只是关心孩子的衣食住行，也要更加关心孩子的动手能力，给予孩子更多的机会，让孩子亲自动手。当孩子看到自己凭着灵活的双手做出精美的手工艺品，或者是凭着自己的双手解决了难题时，他们还会收获自信，更加

相信自己的力量。

当然，孩子总是折纸一定会觉得无趣，那么父母还可以为孩子提供一些适合动手去做的材料。例如，有的孩子喜欢拆卸闹钟，很多父母可以花费大量的金钱为孩子购买玩具，那么何不投其所好买几款不同款式的闹钟给孩子拆卸呢！随着孩子拆卸闹钟的水平越来越高，父母还可以要求孩子把拆掉的闹钟安装好，这样一来，不但大大提升了孩子的动手能力，而且对于开发孩子的智力也很有帮助。在进行这些复杂惊喜的手工时，孩子只凭着双手未必能够顺利完成，那么父母还可以给孩子提供一些工具，使孩子操作起来更加灵活、简便。

需要注意的是，孩子最开始使用工具的时候一定不灵活，而且工具大多数都很尖锐锋利，为此父母要对孩子进行安全教育，也要教会孩子如何安全使用工具。这样才能保证孩子的安全，也锻炼孩子的能力。三四岁的孩子正处于秩序敏感期，父母要抓住这个机会帮助孩子养成用完东西放回原处的好习惯，只有这样，孩子才能有效保持家里的干净整洁，再想使用工具的时候也知道应该去哪里找。

如今，随着社会的发展、经济的进步，很多家庭都搬入楼房居住。和以往的泥土房子相比，住上楼房当然代表着生活水平的提高，但是与此同时也产生了一个问题，那就是孩子们距离大地越来越远，对泥土越来越陌生。孩子最喜欢玩的就是泥土、沙子和水，为此明智的父母会找各种机会带着孩子亲近自然，感受大自然的独特魅力。唯有在自然的怀抱里，孩子才能尽情尽兴地玩耍，也才能更加健康快乐地成长。记住，孩子的成长不仅需要知识，也需要更多丰富的人生经验。当孩子爱上动手，动手能力越来越强，则生活中能够难住他们的事情就会越来越少。父母不要觉得孩子特别爱动手会很麻烦，实际上，爱动手会给孩子的发育和成长带来很多好处，这些好处都是可以促进孩子发展的。作为父母，要给予孩子更广阔的空间去成长，也要给予孩子更多的动手机会，这样孩子才能感受到更多的乐趣，也才会让成长变得更加生动有趣。

给孩子权利选择做自己感兴趣的事情

众所周知，兴趣是最好的老师，每个人做自己感兴趣的事情时，在兴趣的驱使下可以事半功倍。反之，一个人如果被迫做自己不喜欢的事情，总是勉强去做，而没有权利提出相反的意见和反对的态度，就会事倍功半。如今，大多数父母都陷入教育焦虑状态，恨不得给孩子报所有的兴趣班、培训班，目的就是让孩子快速成长，全面地发展。实际上，每个孩子都是独特的生命个体，有自己的天赋和特长，也有自己的兴趣和爱好。作为父母，如果不征求孩子的意见，就强迫孩子按照父母的喜好去学习，渐渐地孩子的兴趣就会被压制，而他们也无法把被逼着去做的事情做好。

真正明智的父母，在为孩子报名参加所谓的兴趣班时，一定会征求孩子的意见，问一问孩子到底喜欢什么，再按照孩子的喜好去选择相应的兴趣班。这样一来，孩子才能学习自己喜欢的课程，也才能激发自身潜能，坚持不懈地学习、进步和成长。从兴趣本身而言，兴趣带有浓厚的个人色彩，为此父母强求孩子按照自己的意愿去学习，原本就是不合理的。每一对父母都想激发孩子的潜能，都想走入孩子的内心世界，那么就要从尊重孩子，让孩子自主决定自己学习什么开始。否则，在父母长期的压制和强迫下，孩子的积极性会受到打击，也会使得孩子的内心受到严重的创伤。父母教育孩子绝不可能一蹴而就获得成功，因为孩子的成长是漫长的过

程。所以父母要有耐心，要有的放矢地观察孩子，确定孩子真正对哪些事情感兴趣，从而支持和鼓励孩子去学习。这样的学习，才能达到最佳的效果，也才会产生最好的作用。

小时候，毕加索根本不喜欢学习，每次上课，他对于老师在讲的内容根本听不懂，为此常常昏昏欲睡。为了消磨时间，他常常会盯着教室里用来计时的钟表，眼看着时间一点一点地过去，盼望着时间过得快一些，更快一些。有的时候，毕加索实在不想听老师讲课，就会想出各种理由离开教室，一会儿说肚子疼，一会儿说自己头晕。但是，大家都在上课，离开教室之后，他四处游荡，更加无聊，常常还没等到下课，他就又折返过来。

后来，他想到一个好办法，那就是给老师画像。看到毕加索这么不务正业，老师把毕加索在课堂上的表现告诉了他爸爸。没想到爸爸非但没有批评毕加索，反而一本正经地询问毕加索是否真的很想画画。在得到毕加索的肯定回答后，爸爸和毕加索达成了君子约定，他同意送毕加索去学习画画，前提条件是毕加索在学习画画的同时，也要坚持学习文化课知识。爸爸的这个决定是很英明正确的，毕加索一旦拿起画笔，就不知疲倦，常常持续画几个小时都不觉得疲倦。看到毕加索对于绘画这么热爱，爸爸更大力支持他学习绘画。正是在爸爸的支持和鼓励下，毕加索才能成为伟大的绘画艺术家，成为世界绘画历史上首屈一指的大师级人物。

有兴趣做伴，孩子做感兴趣的事情，总能事半功倍。没有兴趣做伴，孩子被逼着做自己不感兴趣，甚至是非常厌倦的事情，也许花费了宝贵的时间和精力，却不能得到很好的结果。作为父母，一定要尊重孩子的兴趣，而不要强迫孩子学习不感兴趣的东西，否则就是在浪费宝贵的时间。只有尊重孩子的兴趣和意愿，让孩子把宝贵的时间和精力用在喜欢的事情上，用在容易出成果的事情上，才是对孩子真正负责的态度。

伟大的科学家爱因斯坦也说过，兴趣才是最好的老师。所谓兴趣，顾名思义就是内心的喜好，就是心之向往，为此父母在决定孩子的兴趣的时候，一定要尊重孩子的想法，让孩子说了算。如果孩子还小，自己也不知道自己对什么感兴趣，那么父母还可以对孩子进行引导，让孩子更加问清楚自己的内心。

世界常常使人感到乏味，也是非常残酷的，所以每个人生存得都很艰难。一个人有自己感兴趣的事情，可以更好地发展兴趣爱好，也做出一定的成绩，是他的幸运。作为父母，尊重孩子的重要表现之一就是不干涉孩子的兴趣爱好，让孩子自己说了算，这才是真正对孩子负责的态度，也是有助于孩子成长的。

明智的父母从不陪读

现代社会中，有一个非常奇怪的现象，那就是父母望子成龙、望女成凤的心情空前高涨，对于孩子的期望值也前所未有的高。为此，很多父母甚至放弃休息的时间，总是和孩子一起读书，一起写作业。看起来，这样的父母是尽心尽责的，实际上他们却在无形中给孩子养成了一个坏习惯，那就是非父母陪伴不能认真用心地写作业。从本质上而言，学习是孩子的本职，写作业也是孩子理所当然应该做的事情，作为父母，可以给孩子创造良好的学习环境和学习氛围，难道真的有必要始终陪伴着孩子一起学习，就像自己又从幼儿园到高中读了一遍吗？有些父母偏偏想不明白这个道理，陪伴孩子读书和学习的认真劲头，比自己上学的时候有过之而无不

及。当然，在这样的过程中，父母付出的越多，对于孩子的期望也就水涨船高，也无形中给了孩子巨大的压力，家庭生活中因为孩子的学习而产生的各种问题也层出不穷，甚至引发严重的家庭矛盾。

不得不说，父母摆错了自己的位置，把自己当成了孩子学习的监督者。从心理学的角度来讲，孩子学习有两种力量源泉：一种是内部驱动力，这种力量非常持久，可以给孩子长久的动力；另一种是外部驱动力，这种力量来自外部世界，对于孩子的作用持续的时间相对短暂。而父母在陪伴和监督孩子的过程中，也正在消磨孩子的内部驱动力，正在增强孩子的外部驱动力。渐渐地，外部驱动力不合时宜地取代了内部驱动力，最终导致孩子只有在父母的监督下才能学习和完成作业，而一旦没有父母在身边，他们就会对学习疏忽懈怠。难道父母能看着孩子一辈子吗？当然不能。不过，很多父母的确做到了坚持看守到孩子高中毕业，考上大学。接下来的道路，就需要孩子自己去走了，他们因为没有意识到学习的重要性，进入大学之后就像是泄了气的皮球一样，每天只知道吃喝玩乐，把学习完全抛之脑后。可想而知，这样的孩子就算勉强混得一个毕业证，找工作也会很困难，在事业上也很难有好的发展和伟大的成就。这都是因为父母为他们养成了错误的学习习惯，使得他们在学习方面必须依靠外部驱动力才能有效完成学习过程。

明智的父母从来不会陪读，而是会督促和激励孩子，也会在孩子做得不好的时候批评孩子。但是，他们说完就走，因为在教育孩子之后，他们已经尽到了父母的责任，接下来，就需要孩子依靠自我控制力来管理好自己。遗憾的是，现实生活中很多父母不但看着孩子写作业，还一直陪读。孩子正常上学、放学，父母负责接送，孩子周末上课外辅导班，父母一直在外面守候和等待。从孩子上一年级开始，到孩子高三毕业，父母也从正当年的年轻人变成两鬓斑白的中年人。孩子经历了什么，父母又经历了什么呢？

孩子开始读小学一年级，对于知识的要求不高，重点在于养成良好的学习习惯，形成学习的主动性。父母陪读导致的直接后果就是，孩子没有形成良好的学习习惯，必须依靠父母的管理和监督，才能坚持学习。也没有养成学习的主动性，因为他们已经习惯了被动学习。最终，父母发现在长年累月的陪读状态下，不是孩子在学习，而是父母在坚持。孩子的能力非但没有得到提高，反而导致很多方面的能力都很欠缺，意志力更是薄弱。因为孩子已经习惯于依赖外部的力量来管理自己，而没有形成内部驱动力。

此外，父母陪伴在孩子身边看着孩子写作业，难免会干扰孩子。每当看到孩子有题目不会做，或者开始走神的时候，父母就会提醒孩子，甚至批评孩子。这样一来，不仅打断了孩子的思维过程，也使得孩子原本自然的休息失去了效果。可以说，陪读就是追求暂时的效果，只有陪读始终坚持下去，孩子的学习状态才能保持下去。那么，有没有一劳永逸的办法，能够让孩子主动自发地学习呢？

首先，父母要激发孩子的学习兴趣，让孩子从被动学习转化为主动学习，这样孩子才能从学习过程中获得成就感，也更加愿意学习。其次，父母要培养孩子的学习能力。古人云，授人以鱼不如授人以渔。对于父母来说，只是给孩子鱼吃，无法保证孩子一辈子都有鱼吃，只有教会孩子捕鱼的方法，孩子才能主动抓鱼，让自己始终都有鱼吃。为此，当孩子学习上遇到难题的时候，父母不要越俎代庖代替孩子解决问题，而是要耐心引导孩子进行深入的思考，虽然协助孩子，最终却是要由孩子亲自解决问题。最后，父母要摆正自己在孩子学习中的位置。父母要做的是督促孩子学

习，而不是始终监督、监管孩子学习。当孩子在学习中出现错误或者遇到问题的时候，求助于父母，父母可以帮助孩子解决问题，但是如果孩子的学习处于正常的状态，父母就不要横加干涉。孩子的成长有自身的规律和节奏，父母不要揠苗助长，打破孩子的自然节奏，而是要尊重孩子的成长规律，循序渐进地引导孩子快乐地成长。对于孩子而言，一次自我管理胜过十次被父母管理，父母教育孩子的终极目标是希望孩子更独立，而不是使孩子养成依赖的坏习惯。

第 8 章

锻炼孩子的胆量，勇敢者才是成功的宠儿

作为父母，每当看到别人家的孩子勇敢无畏，总是非常羡慕，转过身来就开始抱怨自家的孩子总是胆小怯懦，面对小小的困难就畏缩不前，不愿意努力奋斗，更别说是突破和超越自己了。这是为什么呢？难道孩子天生胆小吗？当然不是。孩子的胆量受到先天因素的影响很小，大多数孩子都是在后天成长的过程中接受不同的锻炼，才变得胆大或者胆小，也才能获得成功或者失败。为此，父母要有意识地锻炼孩子的胆量，这样才能让孩子变得坚强勇敢，也在人生中有与众不同的出色表现。

父母不是老母鸡，孩子也不是小鸡

前文说过，很多父母把自己当成孩子的保姆，不管什么事情都为孩子代劳，导致孩子不曾得到机会锻炼自己，为此能力越来越弱，得不到发展，最终成长为"巨婴"。为此，我们说父母的溺爱是对孩子最大的害。其实，父母害了孩子还不自知的情况时有发生，很多父母尽管不溺爱孩子，会给孩子机会去做力所能及的事情，但是他们却犯了对孩子过度保护的错误。说是对孩子的安全问题警钟长鸣，实际上恨不得把孩子装在套子里随身带着，任何涉及危险的事情从来不让孩子去做。俗话说，凡事皆有度，过犹不及。毋庸置疑，没有任何父母想看到孩子遭遇危险，但是这个世界里偏偏危险无处不在。在这种情况下，父母是一味地限制和禁锢孩子，还是激励孩子勇敢地放飞自我，在给孩子做好安全教育和安全保护措施之后，让孩子适当地冒险呢？

那些选择前者的父母，最终只能教养出胆小如鼠的孩子，而那些选择后者的父母，不但有效地保护了孩子，还锻炼了孩子的胆量，让孩子有了出类拔萃的成长和发展机会。作为父母，既不要把自己当成保姆，也不要把自己当成老母鸡，更不要把孩子当成小鸡。当父母总是张开羽翼，把孩子护在身体下面的时候，孩子尽管避开了风雨，却也变得非常孱弱。因而明智的父母会根据孩子的成长，与时俱进，让孩子接受适度的锻炼，让孩子经受风雨的打击。唯有如此，孩子才能渐渐长大。

从孩子的角度而言，那些习惯了被父母保护的孩子，遇到任何问题都会第一时间想到向父母求助，甚至连思考的时间都不给自己。然而，父母就算再爱孩子，终有一天也会老去，而孩子也会不断长大，不可能依赖父母一辈子。有朝一日，当无能为力的孩子离开了父母的保护，当原本身强体壮的父母孱弱到需要孩子的照顾和保护，又该怎么办呢？归根结底，每个人都有属于自己的人生，孩子也只能依靠自己走好人生之路。为此，父母与其一味地保护孩子，不给孩子任何机会去锻炼，还不如努力提升孩子各方面的能力，让孩子更加坚持成长和进步。

现代社会，很多人都追求成功，也希望自己能够得到好运气的青睐，最终出人头地。实际上，古今中外，大多数成功者未必有过人的天赋，也不一定得到好运气的青睐，他们之所以能够获得成功，恰恰是因为拥有勇敢果断的决心和毅力。众所周知，越是千载难逢的好机会，越是转瞬即逝。同样是面对机会，有的人能够勇敢抓住，有的人却因为迟疑而眼睁睁地看着机会从自己的眼前溜走。同样是面对失败，有的人可以从中汲取经验和教训，而有的人却因为小小的失败就一蹶不振，失去了再次努力和尝试的勇气。不得不说，前者一定能够获得成功，因为他们胆大心细，也有魄力，而后者虽然暂时避开了失败，却也彻底失去了成功的机会，因为他们胆小怯懦，无法抓住任何机会。

作为父母，固然要照顾好孩子的饮食起居，保证孩子摄入充足的营养，也不要忽略了培养孩子坚强的精神和顽强的意志力，尤其是不要对孩子各种限制和禁止，否则只会导致孩子越来越胆小。人生何处不冒险，与其等待被动冒险，不如激励自己振奋精神，让自己更加勇敢无畏地主动冒险。对于每个人而言，聪明勇敢同样重要，成功绝不是只拥有某个方面的能力就能获得的，而是各个方面的优秀品质相互作用的结果。

当然，孩子还小，不可否认孩子会对很多事情产生恐惧，一则是因为他们心理承受能力有限，二则是因为他们对于世界的认知还没有那么深入。有的时候，父母觉得不值得害怕的事情，从孩子的角度去看，就是让人非常恐惧的。为此，父母不要强制要求孩子勇敢，而是要了解孩子在特殊的人生阶段的身心发展特点，这样才能设身处地为孩子着想，也才能循序渐进地增加孩子的胆量。此外，要想让孩子勇敢，父母还要从小就培养孩子的独立性，不要总是代替孩子做好一切，也不要为孩子营造过于安逸的生活环境，而是要让孩子适度吃苦，使他知道生活的艰难，也要激励孩子在面对难题的时候不断地突破和超越自我，这样一来，孩子才会更加有信心，也才会有勇气面对人生。当然，孩子的勇气不是朝夕之间就能从无到有的。作为父母，要耐心地引导和陪伴孩子，才能渐渐增强孩子的胆量，让孩子成长为一个有勇气、有胆识、有魄力的人。

适时让孩子独立入睡

在一个亲子论坛里，有个爸爸很困惑地问大家："爸爸妈妈们，孩子什么时候独立入睡最好？我家女儿已经十几岁了，还是坚持要和妈妈一起睡，否则就不能入睡，是否心理不正常呢？"对于这个问题的回答五花八门，有的人说自己从小和妈妈一起睡，一直到去上大学才独立住在宿舍，心理健康着呢。有人说孩子从出生就应该独立睡在小床上，没见人家西方国家的婴儿从出生就在婴儿房里自己住嘛！也有人说独立入睡应该在5岁前后，因为5岁的孩子可以独自起夜，不再需要爸爸妈妈的贴身照顾。实际上，对于这个问题的确没有标准的回答，因为每个孩子的情况都不同，每

个家庭的情况也不同，所以父母要从孩子的实际情况出发，根据家里的条件，适时给孩子分床、分房间，让孩子养成独立入睡的好习惯。

不可否认的是，独立入睡有很多的好处。诸如可以让孩子有独立的睡眠空间，避免受到父母的打扰；让孩子习惯于在自己的房间里做很多事情，孩子的内心会越来越独立；独立入睡还可以锻炼孩子的胆量，让孩子不再惧怕黑暗……总而言之，独立入睡好处多多。但是说起独立入睡，很多父母都叫苦不迭。首先，很多孩子都排斥独立入睡，这往往是因为他们已经在父母身边睡了太长的时间，所以不愿意和父母分开，对父母的依赖性很强。其次，很多孩子都怕黑，不敢独自睡在一个房间里。对于黑暗的恐惧，是因为孩子的想象力很丰富，他们不知道黑暗之中隐藏着怎样的未知事物，为此父母要引导孩子认识黑暗，这样孩子才能有的放矢地面对黑暗，再也不怕黑。再次，很多孩子在独立入睡的时候，总是踢被子，父母担心孩子一个晚上不盖被子会冻感冒，身体不适。最后，很多孩子睡眠很浅，夜晚常常醒来哭闹，这是独立入睡最大的障碍，这样一来父母一个晚上就要起床很多次去看孩子，导致父母的睡眠也受到严重影响。为此，很多父母索性还是陪着孩子一起睡，这样至少照看起来很方便，也保证了父母的睡眠。实际上，独立入睡的这些障碍都是可以消除的，也是可以克服的。

首先，父母要让孩子意识到，独立入睡是长大的标志，只有那些长大的孩子、勇敢的孩子，才有资格有自己的房间，有漂亮的床品，有独立的私密空间。当孩子爱上独立入睡，他们甚至不允许父母去他们的床上陪着他们，而只是让父母坐在床边陪伴他们一段时间，他们就可以安然入睡。

其次，当孩子在态度上有了正确的认知之后，父母可以先给孩子分床，在孩子适应独自睡在自己的小床上之后，再给孩子分房间。这样一来，孩子有一个循序渐进的接受过程，心理上就不会那么抵触。

再次，最艰难的阶段，就是让孩子真正独立睡在一个房间里。陪伴孩子入睡的时候，很多父母都采取了错误的方式，总是陪伴在孩子身边，甚至和孩子睡在一床被子里，一直等到孩子睡着之后，父母才悄悄离开。在这种情况下，孩子一旦夜晚醒来，看到父母不在身边就会很害怕，也会因此而哭闹。正确的做法是，父母陪伴孩子时不要进入孩子的被子，而只是坐在床边，并且和孩子约定陪伴的时间。等时间一到，父母就要离开，而且是要在孩子清醒的状态下离开，这样孩子才会知道父母不会陪着自己睡觉。如果还没有到约定的时间，孩子就睡意蒙眬，那么父母要离开提前，可以告诉孩子："你睡觉吧，妈妈也去睡觉了！"这样一来，孩子在入睡前就知道妈妈已经离开，即使半夜醒来看到妈妈不在身边，他也不会惊慌失措，更不会恐惧地哭闹。

最后，至于独立入睡孩子有可能踢被子等问题，只要孩子从内心接受了自己要独自睡在一个房间的事实，他们其实就可以做到心中有数。此外，孩子睡觉的环境不要太过燥热，而要保持适度的温暖即可，而且父母也不要给孩子盖太过厚重的被子。孩子不觉得热，就不会故意踢开被子。退一步而言，就算孩子真的踢开被子，等他感觉冷的时候，就会主动找被子盖。这样几次之后，他们就会有盖好被子的意识。

有的时候，不是孩子离不开父母，是父母放不下孩子。就像孩子在进入幼儿园之初，父母也会产生分离焦虑症一样。作为父母，要接受孩子不断成长的事实，才能循序渐进对孩子放手，也才能更好地陪伴孩子。

当孩子对分房间睡觉非常抵触的时候，父母一定要坚持原则，尽量给孩子安全感。需要注意的是，既然下定决心让孩子分房睡，父母就要坚持狠心，而不要看到孩子哭泣就把孩子继续留在身边一起睡，否则就会让孩

子觉得有机可乘，对于独立睡觉就缺乏坚持的精神。孩子总会长大，总要离开父母的身边，过属于自己的生活。既然独立早晚要到来，不如让孩子早一些独立，这样孩子才会得到历练，也才会更加成熟和坚强。

让孩子多多接触陌生人和陌生环境

很多孩子都会害羞，实际上害羞是正常的心理反应。有些父母一旦看到孩子害羞，就会责备孩子太胆小，实际上责备非但不能让孩子变得大胆，反而会让孩子更加胆小怯懦。其实，不仅孩子会害羞，会在面对陌生人的时候感到紧张，就算是成人在陌生的场合里，也会觉得紧张和害怕。说起来很多人都不相信，那些大歌星在开演唱会的时候，也常常紧张到忘词。看到这里，相信父母就不会因为孩子害羞，就责备孩子了吧。

孩子在10个月前后就开始认识家里的人，出现认生的现象。这是因为他们对于自己家的人更加熟悉，而对于陌生人则感到害怕和恐惧。在成长的过程中，如果父母经常带着孩子接触陌生人，让孩子见识到更多的人和事情，也习惯于面对陌生的环境，则渐渐地孩子认生和害羞的表现就会有所好转。当然，孩子本身的性格也是不同的，有的孩子天生外向大方，而有的孩子则天生内向。很多内向的孩子即使长大成人，在面对陌生人的时候也会很紧张，为此父母也要根据孩子自身的性格特点来对待孩子，从而有的放矢地引导孩子。

外向也好，内向也好，都不要超过限度。否则一旦超过正常的限度，就会给孩子的生活带来负面影响。当孩子极度害羞，哪怕和熟人讲话也紧张到结结巴巴，哪怕是在课堂上面对熟悉的老师和同学也不敢站起来回答问题的时候，父母就要对孩子的害羞问题引起重视，及时引导孩子有所改善。否则，孩子一味地这样害羞下去，渐渐地就会产生社交障碍，甚至产生社交恐惧，对孩子的一生都会产生影响。

小美是个很内向、害羞的孩子，从小就不像其他孩子那样爱说爱笑，而是很安静，常常独自玩耍，能玩很长时间。一开始，妈妈看到小美的表现很欣慰，和其他孩子相比，小美很好带。但是随着小美渐渐长大，妈妈发现小美很少说话，而且不愿意和同龄人玩耍，也特别害怕见陌生人。妈妈不由得担心起来。

在咨询心理医生之后，妈妈决定给小美创造机会和陌生人相识相处。每到周末，妈妈就会带着小美去做客，或者是去亲戚家，或者去是同事家。一开始，小美很抵触，作为小客人也不愿意和小主人玩，渐渐地，小美变得越来越大方。后来，妈妈还会邀请别人来家里玩，小美一开始躲在房间里，后来可以出来向客人问好，也可以招待小客人。虽然小美还是不热衷于说话，而是喜欢安静，但是她害羞的表现有了很大的改善。妈妈觉得欣慰极了。最让妈妈高兴的是，小美的朋友越来越多，每当和朋友们一起的时候，小美就一改沉默内向的模样，变得很爱笑、很高兴。

幸好妈妈及时对小美进行了干预，所以小美的性格才能得到改善。其实，孩子还小，性格没有完全定型，只要父母引导孩子多多接触陌生人，经常进入陌生的环境，孩子与人相处的经验更加丰富，也就会变得开朗起来。

有的时候，孩子沉默内向，和父母也有关系。很多父母本身就不爱说话，为此在带养孩子的过程中，很少和孩子沟通。其实，这不但不利于孩子表达能力的发展，也会局限孩子的人际交往能力。作为父母，哪怕本身不爱说话，有了孩子之后也要经常和孩子沟通，这样才能给予孩子积极的

语言刺激，使孩子乐于表达、爱上表达。

此外，还可以从孩子的特长着手，使孩子吸引他人的关注，也获得自信。害羞的孩子并非没有才艺，父母要发现孩子身上的闪光点，也要努力挖掘孩子的潜能，这样才能激发孩子的自信，让孩子变得乐于表现。只要父母用真心、有耐心，就可以渐渐地引导孩子走出害羞的状态，使他变得开朗和大方起来。当孩子因为害羞而想要逃避的时候，父母不要批评孩子，更不要否定孩子，否则只会导致孩子更加紧张和自卑。明智的父母会想方设法激励孩子、鼓励孩子、支持孩子。这样一来，孩子才会在父母的帮助下，激发起自信，变得越来越有自信。自信心是每个人的精神支撑，也是让孩子变得落落大方的诀窍所在，为此父母要激发孩子的能力，帮助孩子树立自信，孩子才会乐于表现，也才会把自己自信的一面呈现给他人。

鼓励孩子努力争取

一直以来，很多父母都会教育孩子要懂礼貌，要学会谦让，也为此要求孩子学习孔融让梨。然而，一个梨子是可以让的，如果面对的是人生中很多其他重要的机会或者东西，孩子也要一味地让吗？让得多了，孩子就会变得胆怯退缩，对于明明应该属于自己的东西也不敢努力去争取。长此以往，孩子就算长大了，也无法维护自己的合法权益，说不定还会因为无原则地谦让，导致自己失去很多千载难逢的好机会呢！作为父母，不要再墨守成规教育孩子谦让，当孩子想要得到机会或者是某件东西的时候，父母更应该告诉孩子要公平竞争、全力争取。因为成功的人生不是谦让出来的，而是靠着实力去努力打拼才能创造出来的。

　　不管是在生活还是在工作中，每个人唯一可以依靠的就是只有自己。如果他们形成坏习惯，总是想要得到别人的帮助，那么渐渐地，他们纵然有着很强的能力也会渐渐退化。尤其是现代社会竞争这么激烈，孩子如果没有努力争取的精神，不能主动地发现问题、解决问题，就会在激烈的对抗中败下阵来，就会让自己变得很胆怯，也失去独立生存的能力。为此父母在教育孩子的过程中，固然要督促孩子努力学习，也要告诉孩子坚持进步、坚持争取。

　　心理学家经过研究发现，大多数人其实先天条件相差无几，之所以有的人总是能够获得成功，而有的人始终与失败纠缠，就是因为前者即使遇到很大的障碍也绝不放弃，而是不断尝试，踩着失败的阶梯奋勇向前，而后者哪怕只是遭遇小小的障碍也会轻言放弃，虽然暂时避开了失败，却也彻底失去了成功的机会。为此，作为父母，要想让孩子变得强大，拥有了不起的人生，不要只是盯着孩子的学习，而是要更多地激励孩子，培养孩子顽强不屈的意志力。阳光总在风雨后，成功也总要经历过各种挫折和磨砺才能得到。正如一首歌里所唱的：阳光总在风雨后，没有人能随随便便成功。

　　从心理学的角度而言，对于孩子的成长和发展来说，独立解决问题的能力至关重要。遗憾的是，现实生活中，很多父母都觉得孩子小，为此总是为孩子做好一切事情，而又自我安慰等到孩子长大了，各方面的能力自然会有所增强。殊不知，孩子的能力既不是与生俱来的，也不是随着成长就自然而然具备的。作为父母，要从小就给孩子机会，让孩子自理，做力所能及的事情，渐渐地，孩子的能力才会不断增强，孩子在成长的过程中才会有更好的表现。无数事实告诉我们，孩子越早独立，长大之后各方面的能力就越强，表现就越好。如今，有很多孩子三四岁了还不会独立吃

饭，进入幼儿园之后需要老师喂饭；四五岁了还不会自己穿衣服，总是要父母或者长辈帮忙穿。古人云，一屋不扫，何以扫天下？孩子如果连这些自理的小事都做不好，长大之后如何能有大的作为呢？

世界上没有免费的午餐，也不会有天上掉馅饼的好事情，一个人要想获得成功，就必须付出艰苦卓绝的努力，也要始终坚持不懈地去奋斗。如果孩子从小就轻轻松松地得到父母给予的一切，那么有朝一日长大之后，又如何能够争取得到自己想要的一切呢？

很多人都很崇拜英国前首相撒切尔夫人。在世界政坛上，撒切尔夫人也以铁腕著称，所以才得到"铁娘子"的称号。其实，撒切尔夫人从小就被父亲灌输永远坐在最前排的思想，为此哪怕是搭乘公交车，只要前排有座位，她也会坚持坐在最前排。正是因为这样的努力争取的精神，她才能成为英国的第一任女首相，也才能在世界政治领域叱咤风云。曾经有一位大学教授也对孩子的座次情况进行统计，结果发现那些坚持坐在前排的学生，不但在课堂上非常活跃，而且在走上社会之后，事业也有很好的发展。当然，是否真的坐在前排，只是一种表面现象。透过这个现象，我们可以看到问题的本质，那就是一个人是否有着积极进取的精神。一个人只有始终坚持积极进取，才能不断地成长，也只有在任何艰难坎坷的境遇中都坚持不认输，才能突破困境、证明自己，也获得想要的生活。

在日常生活中，父母在发现孩子做很多事情都不够积极，而且一旦遇到困难和障碍就想放弃的时候，必须高度警惕。父母要帮助孩子增长见识，让孩子有更大的格局，这样孩子才能激发自身的力量，发挥勇于进取的精神，始终都坚持努力奋斗。人生短暂，越是美好的东西越是转瞬即逝，诸如机会，诸如人生的际遇。为此，作为父母，一定要多多激励孩子努力进取，让孩子对自己充满信心，这样孩子才会永不服输。很多人都喜欢看好莱坞大片，那么就会知道很多硬汉形象深受欢迎，也总是能够在绝境中突破自我，创造奇迹，这是因为他们不坚持到最后一刻绝不放弃的精神在发挥作用。对于孩子而言，真正的强大就是不服输，就是始终坚持进取，就是坚持笑到最后，就是不达目的绝不罢休！

不要总是吓唬孩子

最近，爸爸正在出差，还需要1个月才能回来。正巧在这个时候，妈妈也要去参加一个学习班，也要出差半个月的时间。如此一来，谁来带妞妞呢？妈妈很发愁。思来想去，妈妈决定把姥姥从老家接过来，帮忙带着妞妞半个月。为了给妞妞一段适应的时间，妈妈在出差前一个星期就把姥姥接到家里。果然，没过几天，妞妞就和姥姥熟悉了。

妈妈放心地赶赴出差地点，下火车的时候刚好晚上9点，为此妈妈来不及去宾馆，就在车站给家里打了电话。电话是姥姥接的，和姥姥简单了解妞妞的情况之后，妈妈要和妞妞说话。姥姥告诉妈妈："妞妞已经睡觉了。"妈妈很惊讶："怎么睡得这么早？以前每天晚上睡觉都很困难，都要10点多才能勉强上床。"姥姥得意地说："那是因为你不会哄孩子！""好吧！"妈妈只好挂断电话。次日，妈妈8点半给妞妞打电话，发现妞妞已经准备睡觉了。妈妈问妞妞："妞妞，你怎么这么乖，是不是因为妈妈不在家？"妞妞含糊其词地说："警察抓……"妈妈没有听清楚，电话被姥姥接过去了，姥姥要求妈妈挂断电话，配合妞妞睡觉。

就这样，妈妈在外学习的这段时间里，妞妞每天都准时9点钟睡觉。妈妈暗暗想道："回家之后可得感谢姥姥，居然把妞妞的作息时间调整好

了。"妈妈回家几天之后，姥姥就回老家了。周末，妈妈带着妞妞去商场里玩，看到保安的时候，妞妞下意识地朝着妈妈身后躲过去，口中还念念有词："警察，警察！"妈妈看到妞妞的样子觉得很纳闷："妞妞，只有做坏事的坏人才害怕警察，妞妞是好孩子，为何也害怕警察呢？"妞妞突然哭起来，说："姥姥说，如果小孩子不早点睡觉，就会被警察抓走。我昨天晚上没有早点睡觉。"妈妈一下子想起来出差的时候与妞妞通电话，妞妞说的"警察抓"。妈妈安慰妞妞："妞妞，小朋友不睡觉会困倦，不是做坏事，所以警察不会抓小朋友。"妞妞对妈妈半信半疑："姥姥说警察会抓不睡觉的小朋友。"妈妈当即给姥姥打电话询问情况，果然，姥姥每天晚上都会吓唬妞妞"妞妞，赶紧睡觉啊，不然警察会来把你抓走"。听完姥姥的解释，妈妈简直哭笑不得："妈，你这样吓唬妞妞，如果妞妞以后在外面的时候遇到危险，她不敢向警察求助怎么办？"这个问题姥姥当然回答不出来，因为她从未想过这样吓唬孩子之后会有后遗症。后来，妈妈用了很久都没有解开妞妞的心结，直到有一天，有个当警察的朋友来家里做客，妈妈让妞妞亲自问警察，妞妞终于相信警察不会抓不睡觉的小朋友了。

以吓唬的方式让孩子驯服，虽然能够取得暂时的效果，但是给孩子的教育造成后遗症，使得孩子在成长的过程中，心中始终有阴影。作为父母，要把对孩子的教育当成任重道远的事情，也要坚持去做到最好，追求长远的效果，而不要总是为了让孩子马上屈服，就对孩子各种恐吓。和成人相比，孩子的智力发展水平还相对较低，又因为缺乏人生经验，所以他们在面对很多事情的时候都无法理性地进行分析和思考。此外，孩子非常相信父母的话，因为他们从出生就依赖父母的照顾生存，他们很信任父母，也把父母的话当成圣旨。越是如此，父母越是要对孩子谨言慎行，而不要动辄吓唬孩子，否则会给孩子带来严重的心灵创伤。

父母、长辈，吓唬孩子的方式简直花样百出，这是本末倒置，虽然可以暂时让孩子听话，实际上却让孩子的内心充满了恐惧。有朝一日当孩子知道父母所说的话是假的，还会因此而对父母失去信任，可谓得不偿失。当孩子长期在恐惧紧张的状态下成长，他们还会渐渐变得胆小怯懦，而父母对于孩子的心理变化却毫无觉察。有些孩子原本没有分离焦虑，会在某一段时间突然对父母特别依赖，也是因为受到了恐吓，为此不敢离开父母的身边。为了保证孩子身心健康地成长，作为父母一定不要动辄吓唬孩子，更不要把恐吓作为一种教育手段长期使用。吓唬孩子也许会让孩子暂时安静，却会让孩子失去勇气，变得胆怯，也会打击孩子探索世界的积极性和欲望，让孩子失去安全感。相信明智的父母会权衡利弊，给予孩子最好的教育，也帮助孩子把内心变得更加强大和无畏。

不要给孩子贴标签

每当孩子的表现不能让父母满意，父母就会对孩子感到很失望，也会因为急功近利，而对孩子各种指责和否定。更有些父母，还会迫不及待、极其不负责任地给孩子贴上标签。如果说否定和批评孩子会给孩子带来精神上的伤害，那么贴标签的行为对于孩子的负面作用更大，会使孩子自暴自弃。举个简单的例子，原本孩子考试没考好，会反思自己哪里做得不够，也会认真想一想如何改进，一旦父母给他们贴上"笨蛋"的标签，他们马上就会产生逆反心理，告诉自己："我是笨蛋，努力也没有用。"这种情况下，如果父母督促孩子努力进取，孩子还会反驳父母："你不是说

我是笨蛋么，还要让我努力干什么！"不得不说，贴标签的负面作用和消极影响实在太大了。

作为父母，要知道批评孩子的目的是什么。所谓不忘初心，方得始终，如果父母在批评孩子的时候，把批评的最终目的给忘记了，那么也难怪批评无法起到预期的效果。父母始终要牢记，批评孩子，实际上是为了给孩子指出错误，督促孩子反思自己、改进错误。而如果父母口无遮拦地给孩子贴上标签，孩子就会自暴自弃，不愿意努力改正错误、提升自己，显而易见，这对于孩子而言当然是很糟糕的结果。对于父母的教育而言，也是事与愿违。所以明智的父母不管多么生气，也不管对孩子多么失望，都会很慎重地对孩子表达，也会留意保护好孩子的自尊心、自信心，而不会肆无忌惮地打击孩子。

周末早晨，奶奶带着琪琪去菜市场买菜，因为今天家里的孩子都要回家来聚一聚，所以奶奶买了很多菜。奶奶两只手都拎着菜，乖巧的琪琪走在奶奶旁边。到了小区门口，遇到了邻居李奶奶。李奶奶看到琪琪这么懂事，不让奶奶抱着，也不让奶奶领着，还帮奶奶拎着一小块豆腐，李奶奶夸赞琪琪："琪琪可真乖啊，都能帮奶奶干活了！"说着，李奶奶就像变魔术一样从口袋里拿出一块巧克力，想给琪琪吃。没想到，琪琪看到李奶奶拿着巧克力要给她，当即吓得躲到奶奶身后，既不敢伸手接巧克力，也不敢按照奶奶的话问李奶奶好。这个时候，奶奶有些不好意思，对李奶奶解释说："这个孩子就是个胆小鬼，除了家里人，不管看到谁都害怕，都害羞。"

的确，琪琪是很害怕陌生人的，不过也没有像奶奶说得那么严重。中午时分，叔叔和婶婶带着小妹妹回家了，奶奶让琪琪和小妹妹玩，琪琪却躲在房间里不愿意出来。奶奶催促得急了，琪琪索性说："我是胆小鬼，我不想和小妹妹玩。"奶奶一下子想起自己当着李奶奶说琪琪的话，意识到自己犯了错误，赶紧对琪琪说："琪琪不是胆小鬼，奶奶说错了。琪琪很大方，很喜欢和小妹妹玩，还会拿出我们在菜市场买的草莓和橘子给小妹妹吃呢，对不对？"在奶奶的鼓励下，琪琪才勉强和小妹妹一起玩。

在这个事例中，奶奶犯了两个错误：第一个错误，不应该当着李奶奶的面批评琪琪，这伤害了琪琪的自尊心，所以琪琪才会那么生气，回到家里之后躲在房间里不愿意出来，还说自己是胆小鬼。第二个错误，奶奶不该给琪琪贴标签，导致琪琪认定自己是胆小鬼，所以表现也就越来越差。其实，奶奶可以鼓励琪琪接受李奶奶的巧克力。对于琪琪不愿意问李奶奶好，奶奶不应该给琪琪贴标签。孩子虽然小，有的时候也不愿意表达，不想交流。实际上，他们对于成人说的话都会记在心里。为此，作为父母要更加关注孩子的心理健康和情绪状态，这样才能给予孩子更好的对待，也才能引导孩子表现得更好。

孩子还小，自我评价能力发育不够完善，为此在成长的过程中，他们非常在乎和看重父母的评价，也会将社会评价记在心里。在这种情况下，父母以及其他照顾孩子的人，要避免给予孩子消极的心理暗示，而是要更多的鼓励孩子。否则，一旦给孩子贴上负面的标签，孩子就会对自己形成与标签一致的印象，使得自己的言行举止向着标签靠拢，符合标签的定义。这就是心理学上的贴标签效应。甚至有教育专家指出，给孩子贴上负面的标签，如果不及时消除对孩子的负面作用和影响力，甚至会毁掉孩子的一生。因而作为父母，要始终坚持给予孩子积极的心理暗示，也要帮助孩子正确认知自我，只有这样，孩子才会更加健康快乐地成长。好孩子都是夸出来的，如果父母坚持给予孩子积极的心理暗示，渐渐地，孩子就会发生令人惊喜的改变。

孩子为何会习得性无助

　　什么是习得性无助？习得性无助是美国大名鼎鼎的心理学家塞利格曼提出来的心理学概念，来源于他的一次实验。在这次实验中，塞利格曼把一条狗关在笼子里，在播放音乐之后，就用电打击狗，狗马上在笼子里四处逃窜，但是却无法逃出笼子。如此反复进行多次之后，狗知道自己逃不出去，也就放弃了逃跑，无奈地接受电击。一段时间里，狗多次受到这样的对待，后来，塞利格曼把狗笼子打开，再播放音乐。其实，音乐声一响，狗就知道自己又要被电击，但是它再也不试图逃跑，而是绝望地躺在笼子里，浑身颤抖，发出凄惨的呻吟声，等待电击的到来。实际上，狗完全有条件从敞开门的笼子里跑出去，但是它却因为一直以来的遭遇，而放弃了希望和努力。实际上，这样的情况不但会发生在狗的身上，也会发生在人的身上。当人不管多么努力都无法改变现状，都无法拯救自己时，他们就会陷入自我放弃的状态，不再进行任何努力，而任由自己悲伤无奈、绝望沮丧。

　　在教养孩子的过程中，很多父母会对孩子采取冷处理的方式，这样给予孩子时间去缓解情绪固然是好的，但是父母一旦做得过分，就会使孩子习得性无助。如果孩子总是求助于父母而无法得到父母的积极回应，渐渐地，他们就会放弃求助，内心深处也会对父母感到绝望。可想而知，年幼的孩子处于如此绝望的心境中，内心会多么悲凉和无助。

　　很多父母都希望能够锻炼孩子的胆量，前文也说过，对于孩子而言，勇气和聪明同样重要。然而，很多父母在锻炼孩子的胆量时采取了错误的方法，结果非但没有让孩子变得越来越勇敢，反而让孩子变得很无助，因此对孩子的内心造成了严重的伤害，这对孩子而言是很残忍的。如何区分锻炼孩子胆量的正确方式，避免让孩子习得性无助呢？

假期，妈妈带着樱桃去朋友家里玩，得知朋友家里才3岁的小妹妹菠萝已经可以独立睡在自己的房间里了。妈妈想到樱桃已经4岁了，却还是每天要和爸爸妈妈一起睡。回到家里，妈妈决定对樱桃进行独立睡觉的训练，让樱桃也快快长大。

训练一开始，樱桃当然非常排斥和抗拒，因为她从出生就和爸爸妈妈一起睡，又很怕黑。因此，每天晚上樱桃都不停地哭闹，但是妈妈狠下心来坚决不妥协，即使樱桃还在哭，妈妈也会让樱桃独自留在房间里。樱桃每次哭得累了，还是"贼心不死"，会抱着自己的小枕头跑到妈妈房间里，央求妈妈允许她上床。但是，妈妈知道不能前功尽弃，为此每次都不允许樱桃上床，哪怕樱桃说自己只上床10分钟就回房间，妈妈也不允许。如此坚持了半个月，樱桃似乎无奈地接受了自己必须独自睡在一个房间里的事实，不再哭闹，也不再抱着枕头去爸爸妈妈的房间。妈妈窃喜，觉得已经顺利度过了这个艰难的阶段。没想到，有一天晚上，樱桃发烧了，感到非常难受。因为樱桃独自睡在一个房间，所以爸爸妈妈都不知道樱桃的状况，而樱桃难受得醒过来，也没有去找爸爸妈妈求助，而是一个人压抑着哭声，度过了漫长难熬的夜晚。次日早晨，妈妈来看樱桃，发现樱桃昏昏沉沉地睡着，浑身滚烫。妈妈叫醒樱桃，樱桃说："妈妈，我难受，昨天就很难受。"妈妈责怪樱桃："傻孩子，你怎么不去找爸爸妈妈呢？"樱桃倔强地说："我要自己睡觉。"妈妈心疼不已。

因为妈妈对于樱桃的拒绝让樱桃觉得自己不可能再和爸爸妈妈一起睡，而且爸爸妈妈也不接纳她，所以她即使在生病的情况下，也没有向爸爸妈妈求助。实际上，孩子还小，无法区分自己的哪些行为是被允许的，而哪些行为是不被允许的，为此她有了习得性无助，即使在很难受的情况

下，也咬紧牙关不去打扰爸爸妈妈。看到樱桃发烧一个晚上，妈妈心疼不已。相信妈妈会告诉樱桃，如果觉得身体不舒服，要去找爸爸妈妈求助，得到爸爸妈妈的帮助和照顾。

孩子还很弱小，很多时候都需要依靠父母照顾，才能更好地生存。很多父母抱怨孩子不知道父母的苦心，实际上很多父母也根本不知道他们在孩子的心目中有多么重要。作为父母，一定要全方位地关注孩子，也要采取合适的方式引导孩子成长，而不要简单粗暴地对待孩子。孩子的心灵单纯稚嫩，无法区分各种复杂的情况，很有可能在被父母拒绝很多次之后，就不敢再向父母求助。这样一来，他们一定会受到伤害，而父母也失去了了解孩子、与孩子沟通的渠道和途径。

要想避免孩子习得性无助，父母要做到以下两点：首先，当任务对孩子来说比较艰巨且难度很大的时候，父母要根据孩子的情况对任务进行划分，降低难度，给孩子一个循序渐进的过程去接受和适应，而不要以粗暴的方式强制孩子必须按照父母说的去做，否则就会伤害孩子的心灵，也会导致孩子失去安全感。其次，父母要告诉孩子，任何时候，有任何困难，都可以向父母求助。很多孩子不知道父母对自己的爱有多深，在被父母狠心拒绝之后，就会对父母的爱产生怀疑。父母要让孩子相信，父母永远是他们的依靠和保护伞，家永远是他们温馨的港湾，这样孩子才会更加信任父母，也才会在遇到各种危险的情况时，第一时间就想到父母。对于年幼的孩子而言，安全感是很重要的，为此父母不管是提升孩子的能力也好，还是督促孩子成长也好，都要以保护孩子的安全感为前提。唯有如此，才能保障孩子健康成长，也才能给予孩子更好的照顾和陪伴。

第 9 章

加强挫折教育，坚强的心会让孩子受益终身

现代社会，大多数孩子最缺少的就是挫折教育，他们从小在父母无微不至的照顾与呵护下成长，未曾感受到生活的艰难和辛苦。然而，一旦离开父母的身边，走入社会，没有人会再像父母一样疼爱和呵护他们，为此他们会感到巨大的心理落差，也会由此产生很多问题。父母给孩子最好的礼物，就是让孩子拥有坚强的心，这必然让孩子受益终身。

不要心疼孩子吃苦

很多父母都看不得孩子吃苦，尤其是长辈，因为对孩子隔代疼爱，每次看到孩子吃苦都恨不得能替代孩子。殊不知，这样溺爱孩子，对于孩子的成长而言绝不是一件好事，反而很有可能让孩子因为缺乏挫折教育，而在未来陷入更加被动的生活局面。经常有人说，再苦不能苦孩子，再穷不能穷教育，很多父母更是把这句话作为教养孩子的基本原则。实际上，这句话的本来意思是倡导社会上的每个人都要非常关心孩子的健康成长，也要大力支持教育事业，但是如今的父母却曲解了这句话，并且把这句话作为溺爱孩子、骄纵孩子的绝佳借口和理由。

不可否认，如今几乎每个父母都把对孩子的抚养和教育作为家庭里最重要的事情去对待，而且把大量的时间和精力以及金钱等都花在孩子身上。即使是经济情况普通的家庭，父母也会竭尽所能给孩子提供最好的物质条件，让孩子可以吃得好、穿得好，让孩子不管上学还是放学都有人接送。总而言之，父母给了孩子无微不至的照顾和教育，甚至给孩子提供了过度的保护和太过周到的服务。无形之中，孩子把自己当成整个宇宙的中心，不能吃任何苦。在这样的成长环境中，孩子越来越贪图安逸，没有任何担当，内心也脆弱无比。父母要认识到，父母对孩子的溺爱是对孩子最大的伤害，一旦孩子形成好逸恶劳的坏习惯，就无法在人生中有所担当，一旦他们离开父母的照顾，就无法独立生存。而且他们变得非常任性，不

愿意委屈自己和迁就他人，不管考虑什么问题都只从自己的角度出发，从自己的立场做出选择。长此以往，如果有要求不能得到满足，他们就会歇斯底里，甚至情绪变得无法控制。

在蜜罐里长大的孩子，很难适应残酷的社会生活，他们从未吃过苦，更没有经历过任何挫折和磨难，为此内心很脆弱，情绪不堪一击。然而，孩子可以永远留在父母身边成长吗？根本不可能。对于孩子而言，他们总要长大，总要离开父母的身边去独立生活，最终他们根本无法面对人生中必然要经历的一切，也根本不可能激励自己勇敢无畏地努力向前。现代社会，有很多孩子都啃老，他们总是对父母索求无度，哪怕父母已经两鬓斑白，他们也从未意识到父母已经老去，而他们要承担起生活的重任。不得不说，这是教育的悲哀，也是孩子的无奈，更是父母的硬伤。当父母在抱怨孩子很不孝敬的时候，为何不想一想孩子是怎样变成这个样子的呢？古人云，人之初，性本善；也有古人主张，人之初，性本恶。其实孩子一生下来根本没有所谓的性善性恶，是父母的教养让他们渐渐地有了越来越大的区别。

明智的父母，不会一味地骄纵宠溺孩子，而是会给予孩子更好的陪伴，让孩子有健康的成长。记住，让孩子吃点儿苦是没有坏处的，生存本就艰难，父母不可能为孩子提供一辈子养尊处优的生活，只有培养孩子独立生存的能力，让孩子可以更好地生存，孩子未来才能变得更加强大，也才能有的放矢地面对人生。

在西方国家，很多父母等到孩子18岁之后，就会让孩子自立更生，哪怕孩子是在读大学，也可以去餐馆里打工，养活自己。而在中国，孩子18岁，刚刚考上大学，父母会大包小包地把孩子送去学校，会省吃俭用给孩子提供更多的生活费用，让孩子可以衣食无忧地专心学习。其实，未必衣食无忧就会学习更好，让孩子吃一点儿苦，孩子才能体谅父母的辛苦，也才能知道生活的艰难，从而更加积极主动地努力学习，为了自己的将来考虑，也会拼尽全力让生活变得更美好。俗话说，授人以鱼不如授人以渔，父母唯有给予孩子更好的引导，激励孩子努力成长，孩子才会长成参天大树。

让孩子接受挫折教育

很多习惯了顺境的孩子，从未尝过生活的苦涩和磨难，误以为自己的能力很高，可以解决一切难题，而不会被生活打倒，为此他们对于自己的评价往往过高，会犯妄自尊大、狂妄的错误。而生活对于每个人来说从来不会一帆风顺，当有朝一日他们接受生活的磨难，被生活的坎坷打倒的时候，他们就会从极度自信的巅峰坠落，变得悲观绝望，因而不可抑制地自我否定，甚至一蹶不振。在这种情况下，即使失败的原因是客观环境不允许，或者是客观条件不成熟，他们也会不由分说地把失败的原因归咎于自己，为此产生各种负面情绪，变得悲观绝望，从此陷入沉沦的状态之中。当然，也有一些孩子的反应截然相反，他们迷信自己一直以来的顺遂如意，迷信自己曾经得到的鲜花和掌声，为此把失败的原因都归咎于外部，而从来不会进行自我反省，更无法接受别人给他们提出的意见和建议，依然自我感觉良好，而从此进入怀才不遇的怪圈，对身边那些真心希望促进他们成长、真诚给他们提出建议的人极度反感。不得不说，不管孩子最终会作出怎样的反应，面对失败和挫折，习惯了顺遂如意的他们都无法坦然面对。

为了避免孩子陷入这样的状态，父母要及时对孩子进行挫折教育，让孩子感受到失败的滋味，也认识到生命的真相。有的时候，父母即使可以为孩子的成长铺平道路，从孩子人生的长远出发进行考虑，也应该适度给孩子设置障碍。唯有如此，才能避免孩子始终自我感觉良好，或者盲目自信，从而有的放矢地提升孩子承受挫折的能力，也让孩子从艰难的困境中走出来，变得更加强大和自信。

具体而言，父母要做到以下几点，才能帮助孩子摆脱盲目自信，让孩子变得更加坚强。首先，父母要杜绝孩子自满或者自负。当孩子陷入自满或者自负的状态，他们就会对于自己的成长有不切实际的信心，也会变得不愿意接受他人真诚、恳切的意见，甚至会对自己的成长产生过度的期望。其次，父母还要给孩子设定难度适中的目标。通常情况下，太容易实现的目标无法激励孩子的成功欲望，也因为实现太过容易，而让孩子更加自满和自负。而难度太大、孩子无论怎么努力都无法实现的目标，则会打击孩子的自信心，让孩子在长期努力却又没有结果之后，变得颓废沮丧，甚至彻底放弃。由此一来，孩子当然也就不想继续努力。只有难度适中的目标，让孩子在努力之后有所进步、有所成就，才能激励孩子继续付出和奋斗，从而获得好的结果。而且，在努力实现目标的过程中，孩子还可以证实自身的能力，获得成就感，在成长过程中有更好的表现。

当然，很多艰难的处境未必会出现在生活中，为此父母可以帮助孩子设立困难的情境，让孩子知道生活之中不但有顺遂如意，而且有很多的艰难坎坷。哪怕只是在想象中假设自己要如何渡过难关和困境，对于孩子而言，也是非常好的体验。此外，父母还可以给孩子报名参加夏令营，或者利用假期去条件艰苦的农村体验生活，借助这样的方式让孩子体验生活的艰难和不容易，让孩子知道人生随时有可能处于坎坷困境。

唯有如此，孩子才能更加深刻地理解生活，也才能全力以赴奔向生活的美好境遇和明天。

无论采取怎样的方式给孩子设置障碍，让孩子体验生活的艰辛和不容易，父母都要始终以孩子的基本情况作为出发点，考虑到孩子所处的年龄阶段，照顾到孩子的身心发展特点，唯有如此，对孩子的教育才能有的放矢，也才能事半功倍。

记住，蜜罐里泡大的孩子永远不可能成为人生的强者，只有让孩子感受到生活的艰辛，体验到生活的艰难，孩子才会对人生有更加深刻的感悟，也才能对生命更加珍惜。《人间世》第二季在网络上引起了热议。《人间世》的导演说过，虽然在医院里进行了长期的拍摄，看到了太多的生死，但他们不会变得对生命麻木，而是要更加珍惜生命，更加努力创造美好的生活。生命短暂，如同烟花乍现，每个人都要珍惜生命，都要意识到人生如同白驹过隙，都要以更加热情的态度投入生命之中。唯有如此，才能不辜负来到人世间走这一遭，也才能不辜负对于生命酸甜苦辣的百般滋味的品尝。

把问题丢给孩子去解决

每当孩子在生命历程中遇到坎坷和磨难，冲在前面的是谁？毋庸置疑，当然是父母。有太多的父母见不得孩子吃苦，更不能眼睁睁地看着孩子受罪，为此不管孩子遇到任何难题，只要父母有能力，他们就会帮助孩子去解决，只要父母还有能力，他们必然要奋不顾身地为孩子遮风挡雨。父母对孩子的爱是完全无私的，也是非常伟大的，但是这样的爱真的有助

于孩子成长吗？

　　对于尚在襁褓中的婴儿而言，他们没有独立生存的能力，需要完全依靠父母的照顾才能存活，为此父母无微不至地照顾婴儿，奋不顾身地帮助婴儿抵挡来自外界的危险，这是无可厚非的。然而，随着孩子不断成长，他们各方面的能力也得以提升，作为父母，还要事无巨细地为孩子去做吗？这样无限度、无原则的爱，非但不利于孩子成长，而且会使孩子变得消极懈怠，渐渐地，孩子各方面的能力非但无法得到提升，反而会有所退步，明智的父母在教养孩子的过程中会坚持一个原则：让孩子做力所能及的事情，激发孩子的潜能，让孩子尽量独立解决问题。

　　父母就算再爱孩子，也不可能陪伴孩子走过漫长的一生。没有人可以违背大自然的规律，每个人都要老去，父母也是如此。总有一天，父母从身强体壮到两鬓斑白，即使依然对孩子有满满的爱，但却无法为孩子做出更多的关爱和照顾，这个时候父母对孩子是心有余而力不足，最想看到的是孩子的独立坚强，最希望看到的是孩子能够依靠自身的力量经营好人生。然而，如果父母不曾对孩子进行挫折教育，不曾教会孩子面对难题始终坚定不移，孩子根本没有能力去面对残酷的生活。为此，作为父母，从孩子小时候就要有意识地培养和提升孩子独立生存的能力，也要引导孩子学会独立思考，教会孩子不畏缩、不退却，始终坚强勇敢地面对人生。

　　伟大的科学家爱因斯坦说过，一个人首先要具备独立思考的能力，才能发挥自身的专业知识，才能让自己学有所长，变得更加强大。否则，如果一个人始终不能独立思考和工作，始终无法成为自己的主宰，他们就会因为挫折而倍感艰难，甚至因此而放弃在人生之中更加努力和无所畏惧地前行。由此可见，独立思考对于每个人来说都至关重要，只有独立思考的孩子才能更好地面对人生，才有更强大的精神力量，也才能在面对人生的各种境遇时始终保持昂扬向上的精神，也保持独立的姿态。也只有独立思考的孩子，才有更高的逆商，才能表现出更加强大的人生精神和力量，才能独立从容地面对人生。遗憾的是，如今太多的孩子都不懂得独立思考的重要性，在生命的历程中，不管遇到怎样的境遇，他们第一时间就会想到向父母求助。天长日久，他们形成了依赖性，即使有朝一日离开父母的身边，走入社会，他们也常常推卸责任，希望得到他人的无私帮助。殊不知，在这个世界上，除了父母对孩子的爱是完全无私的，其他的人与人之间很难做到无私付出。

在日本，父母在教育孩子的过程中，从小就坚持给孩子灌输一种观念，那就是不要给别人添麻烦。为此，每当全家人进行活动的时候，哪怕是很小的孩子也会有一个背包，背包里装着他们个人的物品。虽然孩子小，背不动太多的东西，但是他们一定会背着自己的东西。父母正是以这样的方式告诉孩子，自己的事情自己做。这样的好习惯坚持下去，孩子就会真正做到不给别人添麻烦。他们或者和兄弟姐妹互帮互助，或者会主动精简背包，放弃那些不必要的东西，从而减轻背包的重量。最终，在父母无动于衷的态度下，他们依然能够依靠自己，和父母一起抵达目的地，完成旅行。在这样的家庭教育中长大的孩子，理所当然地认为自己的一切都要靠自己，只有靠自己才能完成很多重要的事情，渐渐地，他们也就不会寄希望于别人，从而做到更加独立和坚强。

那么，怎样才能培养孩子独立思考的能力呢？很多父母觉得孩子小，没有能力进行独立思考，更不可能顺利解决问题，其实不然。孩子再小，也具备相应的能力，而父母要做的就是相信孩子，把相应的难题交给孩子去解决。试想，如果孩子还没有意识到问题的存在，父母就已经为孩子解决了问题，孩子就没有机会尝试着进行思考，更没有可能去证明自己解决

问题的能力。当孩子在思考过程中遇到障碍的时候，父母可以抓住孩子思想中的闪光点，鼓励孩子继续沿着正确的方向思考。等到孩子感受到思考的乐趣，也从独立思考的过程中获得满足和成就感，他们就会变得更加自信，也更愿意去面对更多的难题。当然，他们独立思考的能力会得到很大发展，他们解决问题的能力也会水涨船高。

当然，所谓引导孩子独立思考，并非对孩子的难题袖手旁观。毕竟孩子还小，思考能力有限，为此父母可以想出各种办法引导孩子独立思考。诸如，父母可以只给孩子提出一个思路的开始作为引导，让孩子顺着父母的思路思考；父母可以让孩子先行思考，这样有助于激发孩子的发散性思维，等到孩子遭遇思维瓶颈的时候，父母再去激发孩子的思维，让孩子觉得耳目一新，或者感到茅塞顿开；还可以激发孩子的好奇心，让孩子主动探求答案……总而言之，最糟糕的方式就是直接告诉孩子答案，否则会让孩子习惯于吃现成的，脑子也就会越来越懒。俗话说，脑子不用会生锈，作为父母，要让孩子的脑子灵活转动起来，这样孩子才能乐于思考、勤于思考，最终形成独立思考的好习惯，坚持去探索人生中的各种问题和神奇现象。

拒绝孩子的无理、无度要求

在很多经济状况一般的家庭里，父母为了给孩子最好的成长条件，常常会无限度地满足孩子提出的各种要求。其中，既有合理要求，也有无度要求，父母对于孩子这样的纵容态度，会导致孩子的欲望越来越强，也会使得孩子最终形成索求无度的坏习惯。然而，日久天长，父母渐渐老去，失去满足孩子的能力，孩子又该如何呢？从孩子的角度而言，当他们有朝一日长大了，要离开父母参与社会生活，难道同学、老师或者是同事、领导，也会像父母一样包容和溺爱他们，对他们无限度纵容吗？当然不会。由此可见，父母对孩子的溺爱，无限度地满足孩子的无理要求，不是对孩子的爱，而是对孩子的害。

父母要会区分孩子的哪些要求是合理的、哪些要求是不合理的，也要引导孩子适度提出要求，而不要成为欲望的奴隶，总是奢望自己得到更多。否则，孩子就会陷入欲望的深渊，失去对于自己的控制，表现也会越来越糟糕。在很多家庭里，孩子之所以会成为小霸王，就是因为父母骄纵了他们，导致他们对于生活有了不切实际的欲望。

当然，人的本能就是趋利避害，人人都希望得到更多更美好的、自己想要的，而不愿意被拒绝。为此，父母要从孩子小时候就适度引导孩子，这样，孩子才能在父母的引导下学会控制自己的欲望，也让自己变得更加理性。

周末，爸爸妈妈和球球一起去商场购物。经过玩具店的时候，球球挪不动脚步，被店里琳琅满目的玩具吸引住目光，迟迟不愿意走开。在球球的央求下，爸爸同意为球球购买一个玩具。然而，球球看到这个玩具也好，看到那个玩具也好，最终想得到至少三个玩具。这可是不在爸爸消费的计划内，爸爸很坚决地对球球说："你只能选择一个玩具。"球球开始哭闹，耍无赖，在一旁的妈妈想到三个玩具比起一个玩具，也就多花100多元钱，原本想对球球妥协。没想到，爸爸态度很坚决，说："球球，你不可能得到所有你想要的东西，有的时候，你一个也得不到，有的时候，你有机会选择得到一个。原本，爸爸妈妈没有计划为你购买玩具，是因为看到你很喜欢，才答应为你购买一个。如果你这样哭闹不休，不懂道理，我

们就只好按照原计划，不买任何玩具。"

听到爸爸的话，球球的哭声小了一些。爸爸乘胜追击，对球球说："爸爸妈妈答应为你买一个玩具，已经是额外消费。家里没有那么多钱能给你买下所有喜欢的玩具，就像爸爸妈妈也想买很多的东西，但是都不能去买，只能买家里的必需品一样。明白吗？"球球点点头。最终，球球从三个玩具中进行了艰难的选择，留下了一个。爸爸苦口婆心地教育球球："买玩具的钱，是爸爸妈妈辛苦工作很长时间才能挣来的，你要珍惜玩具。当然，爸爸妈妈会继续努力，争取挣到更多的钱，等到你生日的时候还可以为你买一个玩具，好吗？"球球点点头，真诚地说："谢谢爸爸妈妈！"

在这个事例中，爸爸坚持原则，其实爸爸的目的不是省钱，而只是想告诉球球一个人不可能得到自己所有想要的。相信在爸爸这样的引导下，球球会很感激爸爸妈妈的付出，也会学会控制自己的欲望，让自己更加理性地得到。爸爸的坚持很对，如果父母总是因为孩子的哭闹，也觉得满足孩子的欲望不需要花费太多的钱，就对孩子妥协，则渐渐地就会让孩子陷入欲望的深渊，而索求无度。

孩子是很会察言观色的，父母在教养孩子的过程中必须坚持原则，不要轻易就对孩子妥协。只有父母坚持原则，孩子才会渐渐意识到不可能自己的所有要求都得到满足，因而也在此过程中渐渐学会了取舍。当然，父母在拒绝孩子的时候也要把握技巧。很多父母看到孩子无理取闹，马上情绪爆发，会严厉呵斥或者训斥孩子，殊不知，这样只会导致孩子的情绪更加糟糕。所以父母要控制好情绪，合理正当地拒绝孩子，给予孩子充分的理由，也耐心地对孩子讲道理，这样才更有助于孩子接受父母的拒绝。此外，父母在拒绝孩子的时候要及时，有些父母很犹豫，不确定自己是否应该拒绝孩子，很容易就会被孩子看穿，导致孩子钻空子。当父母双方都在场的时候，父母要观念一致，而不要爸爸拒绝、妈妈同意，这样会加剧孩子的哭闹。孩子只有认识到父母拒绝的态度很坚决，才会调整自己的心态，说服自己不要无理取闹。

等到孩子想通了，接受了父母的拒绝，父母还要及时认可和表扬孩子，从而让孩子意识到自己做出正确的选择，是被父母赞赏的。这样，孩子在下一次面对相似的情况时，才会主动劝说自己，平衡自己的内心，而父母的说服效果也得到了及时巩固，会事半功倍。对于拒绝孩子这件事情，父母要将其提升到更高的高度去认识。很多父母都觉得就是花点儿钱的事情，为此就答应了孩子的请求，殊不知，一旦让孩子被欲望驱使和奴役，这可不是一点儿钱的事情，而会让孩子变得索求无度，即使在孩子长大成人之后，也会影响孩子。因而父母必须坚持原则，坚持以正确的态度对待孩子，这样才是对孩子的成长负责任的态度和做法。

不要惯着孩子乱发脾气

很多孩子都喜欢乱发脾气，这是因为他们缺乏情绪自控力，喜怒哀乐全都表现在脸上，且不会合理控制情绪，更不会掩饰自己。教育心理学家提出，孩子乱发脾气也表现出孩子意志力薄弱的特点，父母要引导孩子增强自控力，才能有效改善孩子乱发脾气的情况。孩子乱发脾气表现在哪些方面呢？具体而言，他们任性妄为，想要什么就一定要得到，得不到就哭闹不休，或者有什么不如意，也会当即表现出来，闹得家里鸡犬不宁。对于孩子的成长而言，乱发脾气绝没有任何好处，不但孩子自己会因为脾气而变得心绪不宁，伤害自己，而且身边的人也会被孩子的脾气折磨，甚至

还会影响家庭和谐。为此，父母要引导孩子学会控制脾气，这样一来，孩子才能更加友好地对待他人，也可以让自己始终保持愉悦的心情，不会内心失去控制。

孩子为何会乱发脾气呢？难道他们生而就脾气不好吗？当然不是。大多数孩子在出生的时候都相差无几，虽然他们天生就会带有某种性格特质，但是他们的脾气并不会相差迥异。但是在后天成长的过程中，孩子的脾气变化越来越大，有些孩子简直成为家里的小霸王，总是肆无忌惮地发脾气，实际上，这都是被父母和长辈惯的。要想帮助孩子改掉乱发脾气的坏习惯，父母和长辈首先要端正教养孩子的态度，不要总是无限度纵容孩子，更不要任由孩子发脾气。当然，从另一个角度来看，脾气是孩子情绪的表现，为此父母也不要全盘否定孩子的脾气。要想让孩子平复情绪，父母要意识到一点，那就是要接纳孩子的情绪，而不要否定孩子的情绪。孩子越是年纪小，对于情绪的控制能力越差，为此父母要接纳和理解孩子的情绪，而不要总是否定孩子的情绪，更不要禁止孩子发泄情绪。在此过程中，父母需要注意的是，孩子在两三岁的时候，因为他们的智力和情绪发育超过了他们的语言发育速度，为此在感到不满或者情绪波动的时候，孩子往往无法及时用语言表达，情急之下他们会发脾气，这是由孩子的身心发展特点决定的，随着孩子不断成长会有所改善，为此父母要将孩子在这段时间的特别表现与孩子乱发脾气的坏习惯区别开来。

当孩子产生情绪的时候，父母要理解和接纳孩子的情绪，这样才能尽快安抚孩子，让孩子恢复平静。而当孩子还是执意要发脾气的时候，父母不要妥协，而是要给予孩子适当的惩罚。这样一来，孩子才能学会为自己的肆意妄为负责任，也才能体验到乱发脾气带来的严重后果。有些孩子很善于察言观色，在看到父母坚持原则，不为他们的哭闹所动之后，他们在经过一段时间之后脾气发完了，就会来讨好父母。这个时候，父母不要马上对孩子妥协，而是要适度冷漠地对待孩子，让孩子知道他们乱发脾气的行为给父母带来了伤害，孩子下次才会有所收敛。

当然，既然孩子的脾气很大程度上是后天养成的，那么父母也要学会反思。孩子的脾气为何越来越坏呢？如果不是因为父母肆意纵容，那么问题到底在哪里呢？最终，细心的父母会发现，很多孩子之所以脾气越来越糟糕，实际上是受到了父母的影响，或者是受到了家庭环境的负面影响。很多父母本身脾气就很糟糕，动辄对孩子大喊大叫，日久天长，孩子必然以父母为榜样，潜移默化地受到父母影响，为此脾气也变得难以控制。还有些父母虽然对待孩子和颜悦色，但是对待彼此或者其他的家庭成员却总是控制不住火气，导致家里每天都战火弥漫。可想而知，在这样的家庭环境中，孩子不受到影响才怪呢！为此，父母要给孩子树立良好的榜样，也要为孩子营造和谐融洽的家庭氛围，这样孩子才能更好地控制情绪，表现也越来越好。

日常生活中，父母还可以有意识地磨孩子的性子，如让孩子学习象棋、围棋等，这些都是需要孩子静下心来思考才能学习的技能。此外，父母还可以带着孩子去爬山，这样教孩子学会坚持，使孩子的意志力越来越强。在长期坚持进行锻炼的过程中，孩子的急躁会有所改善，自控力渐渐增强。当孩子最终明白发脾气非但不能解决问题，反而会导致事与愿违，使得问题变得越来越棘手且难以解决时，孩子就会进行思考和取舍。父母要做的最重要的一点就是，不要对孩子的脾气妥协，这样孩子才能学会控制脾气。否则，父母对孩子一次又一次地妥协，孩子就会意识到只要发脾气就能得到满足，他们就会变本加厉。总而言之，脾气就是孩子对负面情绪的宣泄和表达，为此父母一定要循序渐进地帮助孩子克服乱发脾气的坏

习惯，只有这样，才能有的放矢地帮助孩子战胜坏脾气，从而通过正确的渠道和途径来解决问题。

适时惩罚孩子，让孩子长记性

近年来，教育界一直主张对孩子进行赏识教育，为此很多父母走到了赏识教育的极端，总是对孩子大加赞赏，哪怕是犯了错误，父母也尽量和颜悦色地批评孩子，而从不惩罚孩子。不得不说，这是对于赏识教育的曲解，所谓没有规矩不成方圆，如果父母纵容孩子犯错误，孩子就会在犯错误的道路上越走越远，而不能及时改正错误。其实，赏识教育与批评和惩罚孩子并不冲突，孩子做得正确，父母要及时表扬孩子，孩子犯了错误，父母要及时为孩子指出错误，督促孩子改正。当孩子的错误情节严重，也引起了恶劣的后果时，父母要对孩子进行适度的惩罚，这样孩子才能长记性，避免再次犯同样的错误。

当然，孩子犯错误是无法避免的，正如人们常说的，错误是成长的阶梯。在犯错误的过程中，孩子可以反思自己，不断地改进，从而得到进步。作为父母，只有对孩子赏罚分明，才能激励孩子不断进步和成长，也才能真正对孩子起到引导的作用。需要注意的是，父母在孩子犯错误之后，如果需要惩罚孩子，一定要及时，不要等到孩子对于自己的错误已经完全忘记时再对孩子秋后算账，这对于孩子的成长是极为不利的，也无法让惩罚起到积极的作用和效果。

很多父母也许会说，不是不允许惩罚孩子吗？每个人犯了错误都要接受惩罚，承担起相应的责任，更何况是孩子呢？惩罚对于教育而言是一种手段，目的是达到相应的效果，只要父母惩罚得当，就可以使其成为家庭教育的艺术。当然，父母要想具备惩罚孩子的智慧并不容易，既要了解孩子，知道孩子的身心发展特点，也要了解在何时何地以何种方式惩罚孩子最为合适，只有面面俱到，对孩子的惩罚才能起到最佳的效果。

寒假到来，孩子都放假了，爸爸妈妈决定带着喜悦去小姨家里做客。到了小姨家里，喜悦看到了许久未见的妹妹，马上和妹妹开心地玩起来。她们先是在妹妹的卧室里玩，后来又和妹妹一起去了客厅的沙发上蹦蹦跳跳，最后居然去了厨房，把姑姑家的一袋米全部弄撒了。看着满地的大米，妈妈对喜悦说："喜悦，厨房里能玩吗？妹妹不知道，你应该知道，妈妈告诉过你。"喜悦知道自己犯了错误，低下头，红着脸说："妈妈，我错了。"妈妈说："既然你意识到自己的错误，那么接下来你就要为自己的错误负责。现在，你要想办法把这些大米都收拾到盆里，多清洗几遍，还是可以吃的。"

喜悦当即蹲在散落的大米旁边开始收集大米。她先用小手把大米抓到盆里，等到大米越来越少，抓不起来的时候，她就只能用手指把大米捏起来放到盆里。整整半个小时，喜悦才把大米收拾好，其间小姨几次三番想要去帮助喜悦，都被喜悦妈妈制止了。最终，喜悦把大米都收拾好后，她带着妹妹离开厨房，到安全的地方去玩耍。

如果喜悦在弄洒大米之后不需要承担责任，而是可以继续去玩耍，那么她很有可能再次去厨房里玩耍，也会还会导致其他的麻烦发生。妈妈给了喜悦适度的惩罚，当即要求喜悦必须自己收拾好散落的大米，这样一来，喜悦就会更加深刻地意识到自己的错误，也会及时改正自己的行为。正是因为惩罚及时，也很适度，所以喜悦意识到自己的错误，在收拾好大米之后赶紧带着小妹妹去其他地方玩耍了。

当然，惩罚孩子要适度，作为父母，要考虑到孩子的身心发展阶段和承受能力，否则过重的惩罚让孩子承受不起，而过轻的惩罚则无法对孩子起到教育的作用。只有适度的惩罚，才能让孩子从中得到教训，也及时反思自己，做出更好的表现。需要注意的是，父母在惩罚孩子的时候要就事论事，不要牵扯其他方面，更不要借此机会为孩子指出其他的错误，否则会让孩子感到很迷惘，不知道自己到底是哪里做错了。有的时候，孩子的确无法意识到自己的错误，那么父母要为孩子指明错误，也要告诉孩子如何改进，这样一来，孩子才能及时反省自己，改正错误。

在及时给孩子指明错误也适度惩罚孩子之后，等到孩子情绪平静之后，父母还应该针对这件事情给孩子讲明道理。这是针对错误展开教育的升华，可以帮助孩子更加深入地进行思考，也强化教育的效果。古人云，知错能改，善莫大焉。对于孩子而言，犯错误在所难免，最重要的是在要犯错误之后及时思考，反思自己，这样他们才能面对错误，也才能获得成长。

延迟满足，让孩子健康成长

如今的孩子个个都是家庭里的核心人物，从小他们就被父母和长辈众星捧月，不管有什么要求都会第一时间得到满足，为此他们渐渐地把自己当成了家庭的中心，甚至误以为自己也是世界和宇宙的中心。在这样的心态影响下，孩子的自我中心思想很严重，他们不愿意有稍微延迟满足愿望，而总是对父母颐指气使，似乎父母理所应当要满足他们的所有需求和欲望。在愿望总是第一时间被满足之后，如果父母在为孩子做很多事情的时候动作略微有所迟疑，孩子就会歇斯底里地发飙，也会对父母表现出极度的不满。不得不说，孩子这么缺乏耐心，都是被父母骄纵的，而一旦孩子离开父母的身边，必须独立去面对人生，走入社会生活之中，他们如何能够让别人也和父母一样对他们言听计从，无条件地第一时间满足他们呢？

孩子不能够延迟满足，做任何事情都希望立刻实现，没有耐心等待，对于孩子的成长是极为不利的。孩子不但很急躁，而且凡事都要依赖父母去完成，脾气也因此而变得暴躁。有朝一日，当孩子走出家庭，走入学校，或者是走入社会，他们很难与他人友好相处，常常会因为心态不好导致与他人的关系恶劣，在学习和工作中也会注意力分散，不能集中所有的精神和意志力把事情做得更好。怎样才能让孩子改掉这种急躁的性格，从而变得更有耐心，也能够静下心来把很多事情做好呢？这是父母需要认真思考和努力做好的。父母要对孩子开展延迟满足训练，要提前做好准备工作，这样才能使对孩子的训练事半功倍。

首先，父母要锻炼孩子的耐心，让孩子学会等待。很多父母把孩子的需求放在第一位，为此只要孩子提出要求，他们马上就会满足孩子的要求，恨不得在下一秒就能满足孩子的需求。殊不知，长此以往，孩子就会变得越来越缺乏耐心，经不起等待。其实，即使孩子提出的要求是合理的，父母也无须在第一时间就满足孩子，而是可以让孩子等一等，从而循序渐进地培养孩子的耐心，让孩子学会等待。举个最简单的例子，孩子想要喝水，妈妈可以倒入一杯稍微热一点儿的水，让孩子耐心等着水的温度变得合适。如果孩子没有耐心等待，妈妈还可以让孩子先看一会儿书，或者先玩几分钟玩具。在此过程中，孩子会知道什么叫等待。

其次，延迟满足的训练要因人制宜。每个孩子所处的年龄阶段不同，

身心发展特点不同，而且需求也不一样。为此，父母在对孩子进行延迟满足训练的时候，还要结合这些因素综合考虑孩子的情况，从而给予孩子更合适的训练。如果孩子很小，耐心有限，那么父母让孩子等待的时间就要相应缩短；如果孩子比较大，有一定的自控力，那么父母让孩子等待的时间可以适度延长。总之，延迟满足的训练是为了提升孩子的耐心，而不是为了激怒孩子，所以父母要针对孩子自身的情况展开训练，才能让训练达到最好的效果。

最后，在对孩子进行延迟满足训练的时候，父母既要坚持原则，也要讲究方式方法，保持态度前后一致。很多父母对孩子进行训练的时候，总是因为对孩子不忍心而前功尽弃。例如一开始坚持要求孩子必须完成作业才能吃晚饭，结果看到孩子磨磨蹭蹭很长时间都没有完成作业，也就破格允许孩子吃完晚饭继续写。这么做的后果是，孩子未来还会慢慢吞吞地写作业，因为他们知道父母会让他们先吃晚饭。这样前后不一致的态度会让孩子在察言观色之后钻空子，因此无法达到预期的效果。

当然，父母也不要强制要求孩子配合延迟满足训练，而应该先耐心地告诉孩子道理，让孩子知道好习惯都是点点滴滴去坚持才能形成的。一开始，孩子一定会觉得很不适应，但是随着训练次数的增多，孩子的延迟满足能力越来越强，也就会渐渐地理解父母的苦心，从而更加积极主动地配合父母。对于任何人而言，自我控制能力都是至关重要的，关系到一个人的成长和发展。作为父母，更是要把培养和提升孩子的自控能力放在首位，这样才有助于孩子的不断成长，使孩子快乐而又满足。

第 10 章

不能呵护孩子一生，不如让孩子学会自己担当

即使再爱孩子的父母，也不可能呵护孩子一生，与其把孩子养育成一个巨婴，到了父母白发苍苍的时候对孩子溘然撒手，不如引导孩子发展自理能力和自立能力，让孩子渐渐地学会自己担当。这样一来，孩子才能经过成长而变得更加强大，才能在人生的道路上走出独属自己的精彩和辉煌。

孩子要有责任心

很多父母误以为孩子小，不需要承担责任，就忽略了对于孩子责任心的培养。实际上，对于任何人而言，责任心都是立足社会的基础，都是在事业上获得成功、在生活中获得幸福的根本保障和优秀品质。孩子即使再小，也需要拥有责任心，这样一来，他们才能更加健康快乐地成长，形成健全的人格，也在人生中有出类拔萃、令人刮目相看的表现。然而，责任心并非是与生俱来的，很多孩子长大以后依然没有责任心，不是因为他们天生没有责任心，而是因为父母没有有的放矢地教育和引导孩子，最终导致孩子缺乏责任心。

正因为孩子小，很多品质都在形成的过程中，所以父母才更应该重点培养孩子的责任心。否则，一旦孩子长大成人，没有责任心，这个时候再想去纠正孩子，就会难上加难。有责任心的孩子，在人生中会有不同凡俗的表现，他们能够做到勇敢地承认错误、承担责任，也会因此而到他人的尊重、认可，得到他人的敬佩和仰视。当然，对于孩子而言并非是得到的一切外部的奖赏，而是他们内心也会因为勇敢负责而变得更加坚强、充实，充满了骄傲和自豪。这样的成就感，是非常珍贵的。

可乐才上幼儿园中班，这一天，幼儿园组织开放日活动，要求父母至少派出一个代表陪着孩子上幼儿园，了解孩子在幼儿园里的表现。早晨，妈妈和往常一样送可乐去幼儿园，准备和可乐一起留在幼儿园。在去幼儿

园的路上，妈妈对可乐说："可乐，我还不认识你们幼儿园的小朋友呢，今天，你要负责照顾妈妈，好不好？"可乐愣住了，她不明白一直以来都是妈妈照顾她，为何现在妈妈需要她的照顾呢？思来想去，可乐答应了妈妈的请求，说："好的，妈妈，我把小朋友都介绍给你认识。"进入幼儿园的教室之后，妈妈就任由可乐照顾。

可乐表现得就像一个小大人一样，先是安排妈妈坐在她的座位上，接着又把小朋友挨个介绍给妈妈认识。每介绍完一个小朋友，她还会和妈妈确认："妈妈，现在认识了吗？"妈妈说认识了，她才会煞有介事地介绍其他小朋友，如果妈妈表现得迟疑，可乐还会再次介绍这个小朋友，直到妈妈真的认识这个小朋友。对于可乐的表现，妈妈忍不住竖起大拇指。很快，到了上课的时间，可乐赶紧去老师面前坐好。整个课堂上，可乐的表现都很好，妈妈感动极了，没想到在自己面前娇滴滴的可乐，在幼儿园里居然表现这么好。

可乐为何突然间发生这么大的变化呢？其实，就是因为可乐肩负起了照顾妈妈的责任，所以才会一瞬间长大，表现更好。妈妈不知道，是她需要照顾的请求让可乐感觉自己肩负起了神圣的责任，为此也要竭尽全力去做好。现实生活中，每个人都需要承担起责任，唯有如此，才能督促自己成长。常言道，人无压力轻飘飘，一个没有责任心的人，也必然意识不到自己的责任和使命，为此会表现得非常糟糕。

作为父母，为了培养孩子的责任感，其实可以适度向孩子示弱，寻求孩子的帮助。一直以来，大多数孩子都习惯了接受父母无微不至的照顾，也习惯了在父母的爱与呵护下成长，而唯独忽略了自己也已经渐渐长大的现实。如果给他们机会照顾父母，就会意识到自己长大了，也会发现自己原来具备了强大的能力，足以照顾好自己，也足以照顾好父母。这样的发现会让孩子形成自信，也会让孩子变得更加努力勇敢、坚强独立。

现实生活中，很多孩子都已经老大不小了，却缺乏责任心，这就是因为他们从小没有得到锻炼，更没有承担过任何责任导致的。作为父母，要把培养孩子的责任心作为家庭教育不可推卸的责任，越是尽早让孩子形成责任心，孩子就越是会坚强勇敢、有担当、有气魄。反之，如果孩子从小没有形成责任心，即使长大成人之后，也会因为缺乏责任心而给自己的生活和工作带来很多的烦恼与障碍。由此可见，对于孩子的责任教育是家庭教育的当务之急，也是家庭教育的重中之重。

让孩子为自己的行为负责

每当孩子闯祸，很多父母都会当仁不让地为孩子承担责任，代孩子去道歉，代孩子去赔偿。实际上，这对于培养孩子的责任心是不利的，因为父母哪怕再频繁地对孩子展开语言上的教育，也不如真正让孩子为自己的行为负责一次来得效果更好。为此，当孩子不小心犯错误的时候，父母理所当然要让孩子自己承担错误。只要孩子有能力承担，父母就不要过多地介入。如果孩子的能力不足以承担责任，那么父母也要让孩子竭尽所能地承担相应的责任。这样一来，孩子才会意识到自己的过错给他人带来了严重的损失和伤害，下次再遇到同样的情况时，孩子就会竭尽所能地避免同样的错误发生。

遗憾的是，现实生活中有太多的父母舍不得让孩子负责，甚至当孩子需要道歉的时候，他们也会代劳。例如几个孩子一起在公园里玩耍，如果孩子因为霸道横行而把其他小朋友打哭了，父母就会忙不迭地向小朋友道

歉，向小朋友的父母道歉。这个时候，犯错误的孩子却像没事人一样继续嬉笑打闹，他们丝毫没有意识到自己的错误，也没有因为自己的错误而道歉或者承担责任，可想而知，他们很快就会犯相同的错误。作为父母，教育的目的是什么呢？是让孩子改正错误，是让孩子为自己的行为负责，为此就要避免代替孩子道歉的事情发生。即使只是说一句对不起，也应该由孩子亲口说出来，这样才能对孩子反思和改正错误起到积极的作用。

正如前文所说的，作为父母，在孩子犯错误的时候，如果有必要，可以适时给予孩子一定的惩罚。这是因为没有规矩不成方圆，也是因为惩罚可以让孩子意识到自身行为导致的恶果，也可以让孩子更加主动地改变自己。但是，惩罚必须讲究方式方法才能事半功倍，才能对孩子的教育起到积极的作用。否则，如果采取了错误的方式方法，就会引起孩子的逆反心理，也会导致教育事与愿违。让孩子在犯错误之后道歉，这不是惩罚，而只是培养孩子为自己的行为负责的意识，是孩子应该做到的。为此，父母更不要剥夺孩子亲自道歉的权利，只有让孩子形成主动真诚道歉的习惯，孩子在未来的人际相处中才会有更好的表现。

周末，妈妈带着卡其去小区里的休闲广场上玩耍。卡其最喜欢玩滑梯，一到广场就飞奔到滑梯那里。可能是因为周末大家都休息，所以玩滑梯的小朋友很多。卡其一开始还能按照顺序排队，后来着急了，索性把前面的小朋友推搡开，想要挤到前面去。这个时候，那个被卡其推搡的小朋友哭起来，妈妈赶紧走过去批评卡其："卡其，你挤小朋友干什么？每个人都要排队才能玩滑梯，知道吗？"卡其瞪着妈妈，似乎对于妈妈所说的话很不满。这个时候，妈妈告诉卡其："你要向小朋友道歉，你看，他都被你气哭了。"卡其很倔强，把头扭到一边，不愿意道歉。这个时候，小朋友的妈妈说："没关系的，小朋友在一起推推搡搡是难免的。"妈妈坚持对卡其说："卡其，你必须道歉，否则就不能继续玩滑梯了。不然的话，你犯了错误又不愿意承认，没有人愿意和你一起玩。而且，不排队的小朋友也没有资格玩滑梯。"卡其看到妈妈义正词严，只好勉强说"对不起"，妈妈要求卡其："卡其，你必须真诚地道歉，因为你的确做错了。你刚才的态度不好，妈妈感觉不到你是在真诚地道歉。"卡其也哭起来，但是他还是按照妈妈说的真诚地道歉。接下来，卡其耐心地排队，再也没有插队，和小朋友相处也很友好。

每个孩子都要学会对自己的言行负责，只有这样，他们才会深刻地反省自己的错误，也能真诚地道歉。很多父母总是纵容孩子，觉得孩子还小，不需要道歉，也不能为自己的行为负责。实际上，这样的想法是完全错误的。因为如果父母不能引导孩子为自己的言行举止负责，渐渐地，孩子就会越来越任性，越来越霸道，表现也会更加糟糕。再小的孩子，也可以为自己的行为负责，当然，他们负责的大小和能力是呈现正相关的。如果父母以孩子小为由包庇孩子，则只会导致孩子变本加厉，也会使得孩子在成长过程中走上歧途。

孩子是独立的生命个体，尽管他们因着父母来到这个世界上，也需要依靠父母的照顾才能生存下去，但是实际上他们始终都是自己。作为父母，不要试图为孩子包办一切，更不要觉得自己可以帮助孩子解决所有的问题。随着孩子不断成长，父母要与时俱进，认识到孩子的能力和水平越来越高，为此要督促孩子承担起自己应该承担的责任。

让孩子勇于承担重任

人的本能就是趋利避害，很多人喜欢逐利，而不喜欢承担责任，这是人的本能。然而从理性的角度而言，没有人可以始终得到生活的善待和馈赠，而常常需要承担繁重的责任和艰巨的任务，也需要在生命历程中肩负起自己的责任。当然，每个人并非生而就有承受能力，新生儿呱呱坠地的时候什么都不懂，他们只有在成长的过程中不断地突破和超越自我，形成各种人生的价值观念，对于人生怀着正确的态度，才能有的放矢地驾驭人生，也才能在成长的过程中不断地走向成熟。

现实生活中，有相当一部分孩子不敢承担责任，尤其是在面对艰巨的任务时，他们常常会采取逃避和畏缩的态度。实际上，这对于人生而言从来不是好姿态，因为既然活着，我们就要勇敢面对人生，既然不能逃避责任，我们就要勇敢肩负起重任。没有人可以轻轻松松、顺遂如意地度过一生，就像一句网红语所说的，既然哭着笑着都是一天，为何不笑着度过人生的每一天呢？同样的道理，既然勇敢面对要承担，畏缩逃避也要承担，我们为何不鼓足勇气勇敢面对呢？只有在生命的历程中激发出更加强大的力量，我们才能在人生的道路上勇往直前。

每一个父母都望子成龙、望女成凤，但是孩子的成长和发展未必能够完全符合父母的预期。随着时代的进步、社会的发展，人们的生活条件越来越好，很多父母真正把孩子当成了命根子、心尖子，把孩子捧在手里怕摔了，含在嘴里怕化了，总而言之，就似乎不想让孩子受到一点点苦，更不想让孩子感到为难。殊不知，当孩子习惯于在父母亲手打造的安逸环境中生活，他们的惰性会越来越强，而且也形成了遇到事情就退缩和推诿的坏习惯。看起来，这似乎是一件好事情，很多父母认为孩子因此就不会去冒险，而实际上这对孩子的成长是极其不利的，很容易导致孩子的个性变得怯懦。在父母身边，孩子退缩有父母保护着，孩子逃避责任还有父母帮忙承担，而有朝一日孩子走入社会，走向工作岗位，还有谁可以这样包容和肆意纵容孩子呢？

明智的父母不会让孩子逃避和畏缩，而是会让孩子学会承担。在西方国家，很多父母在分配家务劳动的时候，只要孩子有能力做一些小事情，他们就会给孩子分配任务，这样孩子才能形成主人翁意识，知道自己作为家庭成员理所当然要承担起相应的责任。随着不断地成长，孩子的责任感越来越强，他们会主动承担更多的家务劳动，为父母分担，也为自己履行对家庭的责任。相反，在中国，很多孩子都特别懒惰，根本没有做家务的意识。就算父母分配家务活给他们，他们也总是拖延着不去做，甚至索性告诉妈妈自己不会做。谁是天生就会做每一件事情的呢？不会没关系，可以学。实际上，这就是因为父母没有从小培养孩子做家务的好习惯导致的，孩子丝毫没有家庭观念，也没有做家务的意识，为此才会不停地推诿。

古人云，一屋不扫，何以扫天下？一个人如果连小事都做不好，根本不可能做成大事。作为父母，要从点点滴滴入手，从小培养孩子勇敢承担责任的好习惯。也有很多孩子在接到任务之后，会始终拖延，导致错过了做事情的好时机。那么父母还要告诉孩子，拒绝拖延，马上行动。再好的想法如果没有行动力作为保障，也会变成空想和不切实际的幻想，就失去了现实的意义。为此，父母要更加有的放矢地督促孩子，促使孩子在接受任务之后当机立断去做。这样长期坚持下去，孩子才会养成不拖延的好习惯，也才会更加有的放矢地面对未来。

从心理学的角度而言，孩子天生就喜欢独立自主地去做一些事情，从而探索世界，也让自己有更快速的成长和更好的发展。那么，孩子为何越

长越大，却越来越懒惰呢？就是因为父母打着爱的旗号，无形中剥夺了孩子坚持探索的机会和乐趣。古人云，生于忧患，死于安乐。当孩子习惯了安逸舒适的环境，他们就会越来越懒惰，也会顺着惯性放纵自己，让自己根本不想动起来。所以作为父母，要适当地懒惰，要学会克制自己的冲动和欲望，不要总是顺从自己的心意去对孩子的人生大包大揽。孩子每天都在成长，各方面的能力越来越强，父母一定要给予孩子更多的机会，让孩子做好自己该做的事情。如果没有机会，还要创造机会让孩子去尝试，这才是明智的父母应该坚持的原则和态度。当孩子从小就在民主的家庭氛围中成长，习惯于依靠自己的努力去做好很多事情，他们的责任心会越来越强，他们的人生也会获得更多的收获，拥有更大的成功。

当孩子过度骄傲怎么办

还记得小时候学习的那篇课文吗？名字就叫《骄傲的小公鸡》。小公鸡太骄傲了，结果在成长的道路上摔了个大跟头。实际上，孩子也很容易犯骄傲的错误，常常沾沾自喜、扬扬得意，也常常会因为过度骄傲而退步。俗话说，谦虚使人进步，骄傲使人落后，那么作为孩子，为何会那么骄傲呢？其实，这与父母对孩子的骄纵宠溺是分不开的。

如今，大多数家庭都只有一个孩子，为此不管是父母还是爷爷奶奶、姥姥姥爷，都将孩子看得非常重要，对于孩子的一切需求和欲望更是无限度满足。正是在父母的骄纵和宠溺下，孩子始终万事如意，渐渐地自我膨胀，也理所当然地认为自己的生活就该是一帆风顺的，就该是平坦的大道。实际上，没有人的一生会是一帆风顺的，越是孩子，在成长的道路上越是会经历各种艰难坎坷，也会受到重重打击和磨难。在这种情况下，如果孩子很骄傲，难免会受到严重的打击，也会因此而无法面对失败。为此，明智的父母知道，要给孩子的成长设置一些障碍，也要给孩子的人生设置一些坎坷和挫折。正如巴尔扎克所说，苦难是人生最好的学校，孩子要想成长，也要从这所学校里毕业，才能更加成熟坚强。

从小，依依就是一个非常优秀的女孩，不管是学习，还是在其他方面，都表现得出类拔萃，为此得到了亲戚朋友和邻居的一致好评。依依尤其喜欢和擅长跳舞，小小年纪就坚持学习舞蹈，并得到了长足的发展和进步，还经常参加各级舞蹈比赛呢！

每当站在领奖台上领奖，得到鲜花和掌声，依依都会感到很骄傲。随着得到的奖牌越来越多，依依在同学们面前也经常会表现出不可一世的样子。有一次，依依居然在同学们面前扬言："我长大了要当大明星！"这句话辗转反侧传到父母的耳朵里，父母对于依依的状态很担心，生怕依依小小年纪就骄傲自满，那么要想进步就会很难。从这个时候开始，父母就开始有意识地减少对依依的赞赏。但是，骄傲的情绪一旦萌生，哪能轻易清除呢？有一次，学校里要进行抽考，依依则因为才准备完一次比赛，只剩下很短的时间进行复习。爸爸妈妈都督促依依要认真复习，但是当他们推开依依房间的门，却发现依依正在拿着奖牌把玩，根本没有在认真复习，准备考试。这个时候，妈妈正色对依依说："依依，得到奖牌已经是前几天的事情了，我认为你眼下的当务之急是赶紧准备文化课考试。"依依不以为然地说："我跳舞跳得这么好，就算文化课成绩不好，也有大学愿意接受我。"妈妈说："依依，你知道人为什么要两条腿走路吗？"听到妈妈这个问题，依依忍不住笑起来："妈妈，你可真笨，一条腿怎么走路啊，而且一条腿站都站不稳。"妈妈语重心长地对依依说："是啊，你

也知道一条腿站不稳，如果你只想靠着舞蹈成绩升入大学，也是不稳当的事情。其实最重要的还不是考大学，而是你要用知识来充实自己的心灵，才能在舞蹈方面有更好的表现力。否则，你内心很空洞，怎能把舞蹈表现得活灵活现呢？"

就因为这次没有认真复习，依依文化课的成绩一落千丈，居然从班级里的前十名，退后了十几个名次。看到这样的成绩，依依这才意识到一分耕耘一分收获，而且自己在舞蹈上的成绩并不能代表文化课的成绩，更不能弥补文化课的缺失。最终，依依改掉了骄傲的坏习惯，脚踏实地地学习，练习舞蹈，果然成绩追赶了上来。

父母要想把孩子教育好，只顾着和孩子说些大道理不会起到很好的效果，而要借助生活中的各种机会激励孩子，促进孩子成长和发展，这样才能及时纠正孩子不良的表现，也才能让孩子在成长过程中进步更快。记住，教育孩子不是填鸭，不是把道理说明白了孩子就能表现得非常好的。父母不但要教会孩子道理，还要成为孩子最好的榜样，给予孩子积极的影响，才能保障和促进孩子健康成长。

骄傲，是成功路上的绊脚石，作为父母，一定要帮助孩子清除掉这块绊脚石。很多孩子因为骄傲，总是听不进去别人哪怕是善意的劝说，而变得非常固执和盲目，坚持自己的想法，结果败得很惨。孩子需要的是自信心，而不是自负，更不是骄傲。作为父母，在对孩子进行赏识教育的时候，也要把握好合适的尺度，不要总是肆无忌惮地夸赞孩子，否则孩子很容易自信心膨胀，变得不知道天高地厚，也不知道自己到底是谁。古人云，人贵有自知之明，孩子只有更加清楚地认识自己，才会在成长的道路上坚持进步，也才能创造出充实精彩的人生！

孩子的自觉主动可不是天生的

每当看到别人家的孩子总是自觉主动地学习，作为父母常常羡慕不已，为此情不自禁地会把自家的孩子与别人家的孩子放在一起比较，越来越觉得别人家的孩子好，学习不用父母操心，而自家的孩子对于学习就是不感冒，常常被父母监督着，还是会投机取巧，不愿意拼尽全力去努力。为此，父母会抱怨自己的运气不好，生个孩子这么不让人省心，而羡慕其他父母怎么运气那么好，不需要怎么管教孩子，孩子就会主动学习，保质保量地按时完成作业，而且还懂礼貌，理解父母的辛苦。其实，父母这样的想法完全是错误的，因为没有孩子天生就很自觉主动。别人家的孩子之所以自觉主动，就是因为他们在父母正确的教育方式下形成了良好的学习习惯，所以他们才能按部就班地去学习，也才能按照已经形成的习惯坚持把每一件事情都做得恰到好处。

很多父母对孩子的管教过于严格，结果非但没有教养出自觉主动的孩子，反而使得孩子形成了依赖性，不管做什么事情都要等着父母去催促、去强迫。从这一点上来看，要想管教出自觉主动的孩子，父母不是要严格管教，而是要尽量给予孩子自由的环境，给予孩子更大的主动权，让孩子积极选择。唯有如此，孩子才能发挥自控力，管理好自己。当孩子形成管理自己的好习惯，他们当然会更加自觉主动，也可以自发把生活与学习都安排好，按部就班地去做好。

才上三年级，博文就表现出对于学习的消极倦怠，每天早晨去上学，博文都很发愁。每天晚上写作业，他更是要磨磨蹭蹭到很晚。无奈之下，妈妈只好坐在博文旁边看着博文写作业，但是博文却还是会走神，会拖延。妈妈真的不知道如何是好，常常在批评博文的时候说起邻居家的小

娟："你看看，人家小娟一个小姑娘都比你强很多，每天放学爸爸妈妈还没有下班，她就自己写作业。做完作业就看书。你们俩是一个学校的，就算不在同一个班级，作业量也不至于相差好几个小时吧！"妈妈不知道，博文之所以拖延写作业，就是因为有一次他完成作业很快，结果妈妈又给他布置了课外作业。从此之后，颇有些小聪明的博文就不愿意以最快的速度完成作业了。为此，听到妈妈的话，博文不以为然地说："小娟多好，完成作业之后，可以看书，还可以玩半个小时的游戏。我呢，完成作业还是作业，我才没有那么傻呢！"

听到博文的话，妈妈意识到自己犯了一个错误。为此，她当即和博文约法三章："只要按时完成作业，就可以玩半个小时游戏或者看半个小时电视，在进行娱乐活动之后，还可以看课外书。"博文听到妈妈这么说，感到难以置信，和妈妈确定了好几遍，才知道妈妈说的是真的。次日，就发生了让妈妈难以置信的事情，因为平日里需要三四个小时才能完成作业的博文，居然一个多小时就把所有作业都完成了。完成之后，博文就高高兴兴地玩游戏、看课外书，虽然妈妈一点儿都不想浪费博文的时间，但是她也担心博文再次陷入磨洋工的状态，为此只好强忍住给博文布置课外作业的冲动。

孩子是很会察言观色的，小小年纪的博文，就因为完成作业之后被妈妈安排了课外作业，而每天都拖拖拉拉不愿意第一时间完成作业。直到听到博文的话，妈妈才意识到博文写作业慢慢吞吞原来都是想要逃避课外作业的原因。为此，妈妈改变策略，决定先提升博文写作业的速度。果然，妈妈在和博文约法三章之后，博文马上就调整了写作业的速度，把作业写得又快又好。很多父母对于孩子的学习都怀有误解，总觉得只要把孩子的每一分每一秒都用在学习上，孩子就能提升学习水平。殊不知，学习要想取得好的效果，最重要的不是耗时间，而是要提升效率。作为父母，切勿本末倒置，一味地要求孩子把所有时间都用于学习，忽略了孩子不是学习的机器，而只是一个还很贪玩的孩子。与其对孩子展开疲劳战术，不如激励孩子提升学习效率，这样一来，孩子既能按时完成学习任务，也可以挤出更多的时间来休息和娱乐，可谓一举两得。

对于孩子的学习，很多父母都会感到苦恼，尤其看到孩子在学习方面总是拖延，而且就连老师布置的家庭作业都无法按时完成时，父母常常抓狂。为了帮助孩子节约更多的时间，父母甚至包揽孩子生活中一切和学习无关的事情。殊不知，孩子不是学习的机器，他们在长期坚持学习之后也会感到疲惫。为了让孩子始终保持学习的良好状态，父母不要强迫孩子一味地学习，而应该让孩子劳逸结合、张弛有度，把学习和游戏结合起来，这样才能激发孩子对于学习的兴趣，也能激励孩子始终坚持学习。否则，孩子对于学习会越来越疲惫和懈怠，在学习上也不会有好的收获和结果。

还有些孩子之所以拖延，是因为他们缺乏时间观念，对于时间的流逝没有明显的感知，为此常常觉得时间并没有过去多久。又因为孩子自控能力差，真正可以全神贯注的时间很短，为此父母在陪伴孩子的过程中要教会孩子集中精神，速战速决，否则对孩子开展疲劳战术，必然导致孩子无法可持续性发展。当然，还有的孩子拖延是因为缺乏自信心，面对一个超出他们能力范围的难题，他们会产生畏难心理，因而常常退缩。针对孩子拖延的诸多原因，父母要引导孩子进行自我管理。孩子只有形成自我管理的好习惯，才能在学习上按部就班，有明确的计划作为指引，也可以有效提升学习效率。与此同时，他们对于生活中的很多事情也会采取积极的态度，未雨绸缪进行安排。

　　孩子积极主动的品质并非一朝一夕就可以形成的。作为父母，一定要激励孩子坚持进取，也要帮助孩子调整好生活和学习的顺序，这样孩子才能有的放矢地成长，也才能如愿以偿地获得进步和提升。父母要记住，管教越少，孩子反而更加具有自控力；管教太多，孩子只想依赖父母督促自己，而自控力会越来越差。当然，如何给予孩子适度的自由，既能避免孩子放纵，又可以激励孩子进行自我管理，这是需要父母好好把握的。

认真督促和激励孩子

　　很多人做事情，都怀有蒙混过关的态度，觉得凡事只要差不多能说得过去，就无须太较真。然而，不太较真的态度也许适用于人际关系，而不适用于做很多实实在在的事情，否则人们就会自我谅解、自我宽容，而降低对于自己的要求，使得自己变得松懈和懈怠。伟大的成功学大师卡耐基说过，一个人要想做成大事情，就必须先做好小事情。反之，一个人如果不注重细节，总是粗枝大叶，是根本不可能获得成功的。

　　现实生活中，很多人都怀有偏见，觉得那些在小细节方面花费很多时间和精力的人，并没有太大的优势，也没有把事情做得多么完美。的确，如果只是在一件事情的细节方面坚持做到最好，对于我们的人生发展不会起到显而易见的作用，只有长期坚持注重细节，一个人才会拥有优势，甚至人生也会因此而改变。为此父母在引导和教育孩子的过程中，一定要帮助孩子改掉粗心大意的坏毛病，要认真督促和激励孩子，让孩子把细节做得更好。遗憾的是，很多父母对此不以为然，觉得孩子做得差不多就行了，无须对孩子提出过于严苛的要求。实际上，习惯的力量是巨大的，一旦孩子形成了做事情敷衍了事的坏习惯，他们就很难获得成功，也无法获得长足的进步和发展。作为大名鼎鼎的青少年教育专家，孙云晓先生说过，对于孩子而言，好习惯是一生的财富。那么，一心一意为了孩子好的父母，能够给予孩子这样受益一生的财富吗？这个财富是无形的，对于人生的影响很大。这个财富很重要，但是却不是朝夕之间就能给得了孩子的。父母一定要非常有耐心，把孩子的成长放在首位，也全方位地关注孩子的成长，只有这样，孩子才会茁壮地成长，也才会全面地发展。

每次考试，小伟都会因为粗心丢掉好几分。为此，妈妈不知道批评了小伟多少次，但是小伟总是左耳朵听、右耳朵冒，丝毫不把妈妈的话放在心上。渐渐地，小伟粗心大意的坏习惯越来越严重，有一个周末的早晨，他因为忘记了是周末，居然爬起来背着书包要去学校。看到小伟这么颠三倒四的样子，妈妈更加担心了。

为了培养小伟的认真细心，妈妈决定把家务活承包给小伟，小伟每干一项家务活，就可以得到相应的报酬，但前提是必须把家务活儿做好，做得认真细致。因为妈妈开出的薪水很高，所以小伟对于做家务活的热情也很高。第一个星期，小伟做家务活做得很认真。例如拖地拖得一尘不染，把床底下、沙发底下都打扫到了。为此，妈妈给小伟薪水很快，小伟当即拿着薪水去购买了心爱的玩具。第二个周末，小伟主动多承担了一项家务活儿，等到他干完找妈妈结算的时候，妈妈却挑出来好几处不足。小伟原本想蒙混过关，没想到妈妈坚持让小伟把活儿做好。无奈之下，小伟只好又一次打扫卫生，这一次他非常认真，很好地完成了任务。随着小伟薪水越来越多，妈妈还和小伟约定："如果考试因为粗心而扣分，就要罚款。"小伟本来不想答应，但是妈妈说如果不答应，小伟就没有资格承包家务活儿。为此，小伟只好答应。小伟可是被罚了好几次款呢！随着时间

的流逝，他吃一堑长一智，不但家务活儿越干越好，而且学习上也改掉了粗心的坏习惯。

一个人如果做任何事情都带着差不多就好的想法，渐渐地，他就无法专心致志、全力以赴地把事情做好。妈妈很清楚小伟这样的状态，为此才会想方设法让小伟静下心来做事，再对小伟的粗心进行适度的惩罚，这样小伟才能把事情越做越好。

要想让孩子戒掉粗心大意的坏习惯，父母还要引导孩子进行自我反省和自我管理。古人云，一日三省吾身。一个人只有坚持进行自我反省，才能发现自身的问题所在，也才能有的放矢地提升自己的能力和水平，从而把很多事情做得越来越好。认真仔细地做事情是良好的习惯，一旦形成，孩子必然受益无穷。

第 11 章

培养自主学习能力，让孩子从心底爱上学习

在如今这个全民教育焦虑的时代里，大多数父母对孩子最大的关心体现在学习方面。很多家庭里，甚至会专门派出爸爸或者妈妈盯着孩子学习，只为了孩子将来能学有所成，过上好的生活。不得不说，可怜天下父母心。然而，父母的监督并不能真正从根本上解决孩子的学习问题，只有培养孩子自主学习的能力，让孩子养成主动学习的好习惯，孩子才会真的爱上学习，也才会在学习方面有出类拔萃的表现。

不要滥用物质奖励

从心理学的角度而言，孩子学习的动力来源有两种：一种是内部驱动力，一种是外部驱动力。顾名思义，所谓内部驱动力，是孩子从内心发出的对于学习的喜爱和热情产生的力量，对孩子的学习起到持久的激励作用，也可以让孩子积极主动地对待学习，真正爱上学习。而外部驱动力，则是来自孩子外部的激励力量。这种力量对孩子产生的效果是很短暂的，而且如果每次都对孩子采取同样的方式进行奖励，孩子还会对此感到疲惫和厌倦，自然激励效果也就会大打折扣。所谓内部驱动力，是孩子对于学习的热情、兴趣，而所谓外部驱动力，则是父母给予孩子的各种物质和金钱奖励。作为父母，当然希望孩子能够积极主动地学习，对于学习产生强烈持久的愿望，遗憾的是，现实生活中，却有很多父母为了激励孩子学习，会对孩子采取物质奖励和金钱奖励的方式。不得不说，对孩子滥用物质奖励和金钱奖励的后果是很严重的，不但会失去激励的作用和效果，而且会使孩子渐渐地失去内部驱动力，对学习表现出懈怠和消极。

当然，和激发孩子的内部驱动力相比，外部驱动力可以在激励孩子方面表现出短期明显的效果。这也是外部驱动力的优势，为此父母在激励孩子的时候，可以适度使用物质奖励的方式，给予孩子强烈的激励作用，但是却不要因此而让孩子以为学习就是为了得到奖励，就是为了父母，否则就会导致孩子失去内部驱动力，而在面对学习的时候会很消极懈怠，自然

学习成绩不会有太大的进步。

爸爸妈妈始终都在外面忙于做生意，所以照顾小宇的重任就落到爷爷奶奶身上。然而，爷爷奶奶老了，只能照顾小宇的衣食住行，对于小宇的学习则根本辅导不了，也管不了。眼看小宇已经读初中了，学习成绩却始终不是很好。爸爸妈妈不免着急起来，决定给小宇下"猛药"。春节回家，爸爸承诺小宇，以后不管是大考还是小考，只要能考到90分，每次都奖励200元。小宇的确受到了激励。其实，小宇本身并不愚笨，只是因为没有父母在身边管教，所以贪玩心比较重而已。看到学习也能赚钱，原本对学习不感兴趣的小宇瞬间改变态度，对于学习重视起来。

经过两个月的努力，小宇考到了第一个90分。爸爸当即兑现承诺，给小宇微信转账200元。小宇原本还对爸爸的承诺半信半疑，真的得到了奖金，接下来的日子里，他开始想方设法考到90分。有的时候，试卷难度大，他还会作弊，抄袭同桌的试卷。为此，半个多学期过去，小宇从爸爸那里得到了几千元，沾染了去网吧玩游戏的恶习。接到老师的电话，知道小宇经常去网吧，爸爸意识到也许是自己慷慨给予的奖金惹的祸，当即决定不再给小宇奖金，而是奖励小宇玩具、书籍、衣服、鞋袜等。小宇对此很不满意，索性连作弊也懒得作弊，学习成绩一落千丈。爸爸为此暂停生意，从外地赶回来，小宇却不以为然地对爸爸说："我学习好不好都无所谓，又没有奖金！"爸爸生气地说："奖金只是学习的附加值，你学习的真正目的是为了你自己。你看看，现在这个社会里，没有知识，没有学历，哪里能吃得开呢？"但是，不管爸爸好说还是歹说，小宇就是对学习提不起兴趣。

在这个事例中，爸爸犯了一个根本性的错误，就是以泛滥的金钱奖励方式打消了小宇学习的内部驱动力，让小宇对于学习的目的产生了误解，觉得学习就是为了父母，而父母也理所当然地付给自己奖金。为此，当爸爸决定不再支付给小宇奖金的时候，小宇一下子就像泄了气的皮球一样，就连作弊都失去了兴致。如果爸爸一开始就能和小宇讲道理，也让小宇意识到学习是为了自己，而不是为了任何人，相信一定能够激发小宇自身的主动力，使他更加热爱学习。

现实生活中，很多父母都会在不知不觉中犯这样的错误。有的父母直接给孩子钱，有的父母给孩子买玩具、衣服等，也有的父母会承诺带孩子出去玩。越是赤裸裸的物质和金钱，越是会消磨孩子的学习积极性，会让孩子在成长过程中迷失，压根儿不知道自己到底为了什么学习。作为父母，不要为了追求短暂的作用和强烈的效果，就以物质和金钱奖励孩子，而是要让孩子认识到学习对于成长的重要意义，也要让孩子发自内心地真心热爱学习，这样才会达到更好的作用和效果。

父母要戒掉对孩子的功利心

有段时间，体育特长生在参加大型考试的时候是可以加分的，很多父母对此动起心思，督促孩子练习体育。殊不知，这样盲目地因为功利心而不顾孩子真正的兴趣和爱好，就逼着孩子练习体育，也不管孩子的身体是否适合进行体育锻炼，对于孩子而言，不但会伤害孩子的身体，还会打击孩子的心灵。当父母对孩子的学习态度不端正，不知不觉就会带偏孩子，使得孩子对于学习也想要找到捷径，或者产生不切实际的幻想。作为父母，一定要戒掉对孩子的功利心，要怀着平常心陪伴孩子学习和成长，这样也许会有心栽花花不成、无心插柳柳成荫呢！

孩子小时候，父母对于孩子的确是无私付出的，但是随着孩子不断成长，父母对于孩子的期望也越来越大。很多父母在面对孩子的时候，也会有一些自私的想法，诸如希望孩子未来出人头地，让父母也能跟着享受荣华富贵。和上文所说的父母对孩子的学习怀有功利心不同，这里所说的功利心则是父母过度渴望得到孩子的回报。这样的心态会使父母与孩子之间疏远，也会使孩子对于父母产生质疑。

对学习的功利心，使父母的眼睛被蒙蔽，看不到孩子的成长和进步；对孩子本身的功利心使父母的心被蒙蔽，只想着从孩子那里得到回报，却没有想到养育孩子是父母单方面的决定和行为，与孩子其实并没有太大的关系。为此，父母要把心态放平，而不要总是对于孩子提出各种要求、各种期望，导致孩子压力很大。意大利著名的教育专家蒙台梭利说过，父母要为孩子营造爱与自由的环境，而一个功利心强的父母是无法做到这一点的。作为父母，要摆正心态，怀着平常心面对孩子，也怀着平常心对待孩子的学习。唯有父母心态端正，孩子才能心态端正，否则父母把焦虑传染给孩子，孩子也会变得紧张不安，最终对于成长本末倒置。

很快，雅菲就要代表班级和学校参加市里的作文比赛了。对于这次比赛，妈妈非常看重，在得知雅菲被选中参加作文比赛的第一时间，妈妈就为雅菲聘请了私人老师进行一对一辅导。因为妈妈认为，如果雅菲能够在这次比赛中获奖，就可以得到荣誉证书，这对于雅菲初中择校是很有好处的。

实际上，雅菲并不想弄得这么郑重其事，因为这使她感到压力很大，也让她觉得自己这么紧张，一定很难有好的临场发挥。但是妈妈不听雅菲的，坚持每天晚上都让私人老师帮助雅菲分析各种作文题材。雅菲晚上还要完成学校的作业，为此每天上完课都已经很晚了，次日醒来总是很困倦，上课都无精打采的。到了作文竞赛的日子，雅菲因为太紧张，审题审偏了，直到作文快要完成才意识到这个问题，为此成绩很差，连三等奖都没有得到。妈妈抱怨雅菲，雅菲也觉得很委屈："都怪你，非要给我请什么家教，弄得我这么紧张，结果连正常的水平都没有发挥出来！"妈妈也很委屈："我还不都是为了你好吗？我帮你请老师不要花钱的么？！"如今，抱怨谁也没有用了，因为比赛已经成为定局。

如果妈妈让雅菲怀着平常心去参加比赛，说不定雅菲还能表现得更好，得到名次呢！遗憾的是，这样笃定的父母越来越少，为此如今的教育焦虑现象才会这么严重。其实，不但父母紧张，孩子也很紧张，因为父母与孩子朝夕相处，父母的紧张和急功近利很容易就会影响孩子，使得孩子也对自己提出过高的要求，或者进行不切实际的幻想。作为父母，一定要以平常心对待孩子的成长。每个孩子都是世界上独一无二的生命个体，每个孩子都有自己的优点，也有自己的缺点，最重要的不是变成别人眼中的样子，获得别人梦寐以求的成功，而是成为自己想要的样子，活出最真实的自己。

最真实的自己，不管是好的坏的，都是自己，都要接纳自己。而活成别人期待的样子，哪怕获得再大的成功，所做的也不是自己，对于自己的人生而言其实是一种失败。想清楚这个道理，父母就不会把孩子作为自己梦想的继承者，也不会把自己对于人生没有实现的愿望都寄托在孩子身上。任何时候，人生都没有回头路可以走，每个人唯有更加全力以赴地奔向未来，唯有更加努力奋斗实现自己的梦想，才是真正的成功，才是了不起的人生！

适合孩子的学习方法才是最好的

作为父母，每次开家长会之前都一定会感到紧张，一则很想听到老师表扬自己的孩子，二则很害怕老师会批评自己的孩子。在这样纠结的状态下，父母开完家长会往往是几家欢喜几家愁。那些孩子非常优秀、出类拔萃的父母会放松一下，回到家里对孩子和颜悦色，还会鼓励孩子几句。那些对孩子的表现非常不满意的父母，对于孩子则很失望，回到家里轻则批评孩子几句，重则还会打骂孩子，以发泄心中的失望和不满。还有一项工作是他们一定会做的，那就是让孩子向班级里优秀的孩子学习，还会把优秀孩子的父母介绍的教育经验和心得体会都讲给孩子听，或者索性让孩子全部照搬优秀孩子的学习方式。不得不说，父母这么做是很盲目的。

每个孩子都是独立的生命个体，他们有自己的学习方法，也有自身的实际情况，如天赋、家庭氛围、教育经历、兴趣爱好等。作为父母，如果让自己的孩子盲目模仿班级里的学霸，则学习上非但很难有进步，说不定还会退步呢！每个孩子，都应该有自己的学习方法，这个学习方法不是舶来品，更不是复制品，而是根据自身的各方面情况渐渐摸索和总结出来的。如今，有很多书籍都在介绍学习的秘籍，有些状元的父母甚至还会出书来介绍孩子的学习经验。实际上，每个孩子最多从他人的学习经验中汲取可借鉴的极少的部分，而不能全盘照搬这个人的经验，否则就会失去效果。作为父母，除了要引导孩子选择合适的学习方法之外，也要给予孩子更大的自主选择权利，让孩子自己决定用什么方法来学习和成长。

一直以来，刘谦的语文学习成绩都很不好。众所周知，语文是基础学科，如果语文学得不好，孩子的理解和记忆能力会受到影响，自然也会影响其他学科的成绩。为此，妈妈始终把刘谦的语文学习作为头等大事来抓,但是却没有达到很好的效果。

自从升入小学五年级,刘谦的语文学习渐渐得到改善,学习成绩也不断提高,这是为什么呢?妈妈很纳闷,还以为刘谦突然间开窍了,而实际上刘谦只是爱上阅读而已。以前,刘谦最不喜欢看书,总觉得看书很乏味,看到那些密密麻麻的字就会觉得头昏脑涨。而如今,刘谦捧着各种各样的书看个没完没了,简直就是个书虫。随着语文成绩的提高,刘谦各科的成绩也水涨船高。看着刘谦的语文老大难问题解决了,大姨也带着孩子来取经。原来,大姨家的孩子和刘谦差不多大,在同年级,也是不喜欢语文。妈妈一股脑儿地把刘谦提升语文成绩的经过讲给大姨听,回到家里之后,大姨一口气买了几十本课外书,也逼着自家孩子看。然而,大姨家的孩子对于阅读根本不感兴趣,一看书就头疼,最终,大姨虽然督促孩子在阅读上花费了很多的时间,但是收效甚微。

刘谦爱上阅读是自发的,而大姨则强迫自家孩子也必须爱上阅读,这是对孩子的强迫行为,孩子当然不愿意接受。为此,孩子会产生抵触心理,也因为对于阅读还没有感触,所以就算勉强去读,效果也很不好。不得不说,这样生搬硬套其他孩子学习方法的方式,只会导致事与愿违。

每个孩子都有自己的天赋和特长,也有自己的灵感所在。有的孩子很喜欢阅读,是个书虫;有的孩子则擅长数学,喜欢学习几何;还有的孩子对于物理、化学感兴趣;也有的孩子对于生物表现出浓郁的兴趣,等等。总而言之,每个孩子都有自己的特长和天赋。作为父母,要激励孩子不断成长,引导孩子发现自己的闪光点,而不要代替孩子做决定,更不要强迫孩子以这样的方式学习。正如一位伟人所说的,不管是黑猫还是白猫,只要能抓住老鼠的就是好猫。我们也要说,学习方式没有好坏之分,只有适合自己的学习方式才能达到最好的效果。有的时候,孩子对于自身缺乏了

解，无法自主地选择适合自己的学习方式，作为父母，就要认真细致地观察孩子，引导孩子深入了解自己，也做出最好的选择。方法对了，事半功倍；方法错了，事倍功半。

引导孩子爱上学习

要想让孩子对于学习始终怀有饱满的热情，作为父母，就要激励孩子，使孩子爱上学习，这才是解决学习问题的根本办法。很多父母在教养孩子的过程中都会发现，在一二年级的时候几乎全班的孩子都能考到九十几分、100分，而随着年级的增高，学习的难度越来越大，孩子之间的差距也变得更加明显。尤其是到了小学高年级，班级里最优秀的学生和学习落后的学生之间会有天壤之别。很多父母都想不明白，孩子明明都是坐在一个教室里，接受同样的老师教学，为何学习成绩相差这么大呢？而且，那些学习不好的孩子看起来聪明伶俐，没有一个是因为脑子不好使才导致学习落后和退步的。

的确如此，大多数学龄孩子的智力水平都是正常的，而之所以他们之间的差距越来越大，就是因为他们没有掌握正确的学习方法。对于孩子而言，学习方法非常重要，每一门学科因为特点不同，所以学习的时候要使用不同的方法，而那些不曾掌握某一门课程学习方法的孩子，在这门课程的学习上就会显得很吃力，而且不会有大的收获。至于孩子在某一门课程上表现不好，很多父母归结为孩子不擅长那门课程，其实这是错误的，也是教育的误区。只要是智力正常的孩子，就不会天生不擅长某一门学科，更不是因为太愚笨，就是需要掌握正确的学习方法而已。当孩子没有掌握学习方法，在某一门课程的学习上陷入困境，学习成绩落后，他们心中的畏难情绪会越来越严重，根本无法爱上学习，反而会因此而陷入恶性循环之中。为此，当看到孩子某门课程成绩较差的时候，父母不要急于对孩子下定论，而是要帮助孩子找到正确的学习方法，这样孩子的学习才能事半功倍。

杨浩正在读初中二年级，她的成绩在班级里处于中等水平，而英语成绩特别差，属于不折不扣的英语学习后进生。杨浩还很敏感，每次上英语课的时候听到老师表扬那些英语成绩好的同学，她总是心里酸溜溜的，也认为老师很偏心，为此渐渐地开始讨厌英语老师。可想而知，杨浩的英语成绩越来越差。无奈之下，老师只好给杨浩在外地务工的父母打电话："孩子再有一年就要考高中了，如果不能好好学习英语，高中就考不上，你们作为父母的不要对孩子不闻不问，要帮助孩子想办法！"

接到老师的电话，妈妈当即请假赶回家，带着礼物去拜访英语老师。妈妈言辞恳切："老师，我和杨浩爸爸都是大老粗，没有文化，不知道怎样才能帮得上孩子。您最了解杨浩的学习情况，能否给我们指点一下，看看怎么做更有效果。"老师想了想，对妈妈说："杨浩其实不笨，她的语文和数学成绩都很好，物理、化学成绩也不错，就是英语拖了后腿，这应该是她没有掌握正确的学习方法导致的。我建议你们给她请一段时间的私人老师，针对她的情况，对她展开个性化辅导，这样效果会更好。在辅导过程中，还可以让老师教给她一些学习方法和技巧，等到她觉得英语学起来很轻松容易的时候，就会爱上英语。"老师的一番话给了妈妈启发，后来，妈妈还请老师帮忙介绍了私人英语老师。在两个英语老师的努力下，杨浩认识到学习英语最重要的是要读背，积累材料。然后再学好语法，就可以把这些材料整合起来利用，提升英语水平。在老师的陪伴下，杨浩渐

渐找到了学习英语的窍门，也掌握了学习英语的方法，在一年多的时间里勤学苦练，最终考上一所很不错的高中。

老师说得很对，如果孩子在其他课程上表现都很好，唯独在某一门课程的学习上面临障碍，这不是说孩子的智力有问题，也不是说孩子很愚笨，而是说明孩子没有掌握学习这一门课程的方法。然而，如今主张素质教育，要求学生全面均衡发展，如果孩子有一门课程成绩差，就会影响孩子的升学。为此，当看到孩子对某一门课程表现出排斥和反感时，父母一定不要任由孩子陷入恶性循环之中，而是要积极地帮助孩子找到问题所在，从而让孩子更加有的放矢地解决问题，提升自己的学习水平。

从全局的角度来看，每一门课程都不是孤立的，孩子某一门课程学得不好，必然会影响其他课程的学习。一则是因为有些学科是基础。例如，数学学得不好，物理、化学很难学好。语文学得不好，历史、政治课程的学习也会受到影响。二则是因为学习的情绪是会传染的，为此父母要及时帮助孩子调整情绪，也要引导孩子端正学习的态度。这样一来，孩子才能在学习方面查漏补缺，有更大的进步和更好的表现。常言道，只有良好的开始，才有助于成功。作为父母，一定要帮助孩子在学习方面开一个好头，让孩子树立信心，变得更加充满自信，这样一来，孩子才会在学习方面有更多的收获和更好的成绩。否则，没有良好的开始，学习会进展困难，也会打击孩子学习的信心，导致孩子的学习退步、成绩落后。总而言之，父母不要只是关心孩子的成绩，只是把眼睛盯着孩子的分数看，也要留心观察孩子在学习方面的表现，敏感地觉察孩子的情绪是否有异常。只有给予孩子全方位的关注和呵护，孩子才能健康快乐地成长。

教导孩子学习要有始有终

前文说过，孩子的自控力有限，所以很多孩子在刚开始学习某一门课程的时候，因为新鲜，也觉得有趣，所以会对课程产生浓厚的兴趣，也怀着积极的热情。然而，随着对于相关课程的了解，也因为课程不断推进，难度越来越大，所以孩子对于课程的态度很有可能发生急剧转变，从热爱课程学习到厌倦课程学习，从积极主动学习到被动消极学习。最终，孩子很有可能放弃这门课程的学习，也使得学业半途而废。

毋庸置疑，每一个父母都很爱孩子，只是他们爱孩子的方式并不相同。有的父母对于孩子的爱很盲目且没有限度，总是任由孩子任性妄为。而有的父母对孩子的爱相对理性，他们知道怎样的爱对孩子才是好的、有益的，也知道怎样的爱是害了孩子。为此，在陪伴孩子成长的过程中，他们会坚持原则，会为孩子划定界限，让孩子知道什么事情可以做、什么事情不能做，从而为孩子制定游戏规则，也引导孩子遵守游戏规则。毫无疑问，学习一门课程又半途而废，对于孩子而言当然是不被允许的。这实际上不是孩子故意为之，而是因为很多孩子好奇心强烈，充满探索欲望，但是行为有很大的随意性，因而做事情无法坚持到底、专心致志，而常常半途而废、心不在焉。通常情况下，这样的孩子还缺乏责任心，根本不知道为自己的言行举止负责。如果再加上父母的纵容，则孩子这样的负面行为表现会越来越严重。

作为父母，一定要让孩子知道自己的行为界限在哪里。这样孩子才会意识到凡事有可为、有不可为，而任何人要想获得成功，最重要的品质就是坚持到底。古人云，以五十步笑百步，是告诉那些在战场上逃跑了五十步的人，不要嘲笑那些在战场上逃跑了一百步的人，因为彼此的行为都是

逃跑，并不因为谁跑得多一些、谁跑得少一些就有所区别。同样的道理，在追求成功的道路上，有人因为胆怯还没有开始就畏缩，有人因为胆怯进行到一半停止，也有人因为不能坚持，在成功即将到来的时候选择了放弃。这三种人结果有什么不同吗？没有不同，因为他们都最终没有获得成功，失败了。俗话说，笑到最后的人才是笑得最好、最美的人，正是这个道理。伟大的电灯之父爱迪生发明了电灯，为了寻找合适的材料作为灯丝使用，他尝试了1000多种材料，进行了7000多次实验。如果他没有坚持到最后一次实验成功，而是在前一次实验之后就选择了放弃，那么他就永远与成功无缘。由此可见，真正决定人们胜负的是坚持，只有极致的坚持才能造就伟大的成功。

古时候，乐羊子外出求学，离开家的时候，他发誓一定要等到学有所成再回家，否则无颜面对家人。然而，才出去没多久，乐羊子就在外面吃了很多苦，因为觉得无法忍受，也想念家人，就回家了。妻子看到乐羊子突然回家感到很惊讶，也知道这么短暂的时间里是不可能学有所成的，为此询问乐羊子："夫君，你为何这么快就回来了呢？"乐羊子说："我一个人孤身在外吃了很多苦，也很思念你们，所以回来看望你们。"听到乐羊子的回答，妻子很生气，当即拿起剪刀把自己正在编织的一匹布剪断。乐羊子惊呼："这样不行！"妻子说："织布如果半途而废，是不可能有成品出来的，现在我把布剪断，就意味着我前面的所有付出都付诸东流。你学习又何尝不是如此呢？你才出去这么短的时间，学习就半途而废，怎么可能获得成功？！"乐羊子觉得很惭愧，当即背起行囊再次外出求学。这一次，不管外面的生活多么艰苦，也不管对于家中的亲人多么思念，乐羊子始终没有放弃努力，而是坚持学习。最终，乐羊子在外面学习7年，学有所成才回到家里。

妻子以一匹断开的布告诉乐羊子，不管做什么事情都要坚持不懈，才能最终取得成功。否则，如果轻而易举就放弃，只会前功尽弃。学习也是同样的道理，在学校组织的系统学习中，孩子们对于所学知识都要坚持去学到最好，都要持之以恒努力学习，才能最终有所成就。否则，一旦遇到小小的挫折和坎坷就马上放弃，则即使天资聪颖，也根本不可能获得成功。

作为父母，要知道每个孩子都是独特的，都是各不相同的，为此不要强求孩子一定要比过其他孩子，而是要从孩子自身的情况出发，有的放矢地引导孩子成长。当孩子在学习中遇到困难和障碍的时候，父母还要多多激励孩子，帮助孩子坚持下去。父母一定要戒掉急功近利的思想，避免过度催促孩子，否则就会打击孩子的积极性，也会让孩子更加急躁且难以坚持。父母的鼓励，是孩子最好的信心来源；父母的支持，是孩子坚持下去的最大动力。

第 12 章

无底线的溺爱，是给孩子的最大苦难

父母爱孩子，如果缺乏理性，那只是动物的舐犊之情，是动物都会凭着本能去做的，根本不能称之为人类社会更高层次的爱。道理人人都懂，偏偏现实生活中有太多的父母都会溺爱孩子，甚至无底线地包容和纵容孩子，这会给孩子的一生带来苦难，使孩子陷入人生的深渊之中无法自拔。明智的父母会以理性的爱救赎孩子，而不是以盲目的爱去害孩子。从某种意义上来说，孩子的一生是幸福还是悲惨，很大程度上受到父母之爱的影响。

不要让孩子始终安逸

前些年发生了一件让世人震惊的事情，一个留学日本的孩子回国，在机场将前去接他回家的妈妈连刺9刀，导致妈妈的胃、肝脏都被刺破，当即陷入昏迷状态送入医院抢救。父母每年花费几十万元辛辛苦苦供养孩子出国留学，孩子为何会这样对待妈妈呢？原来，孩子在没有回国之前就几次三番和妈妈要钱，也是因为没有得到想要的钱才会回国，而到了机场见到妈妈没多久，他和妈妈就因为学费问题再次发生争执，导致他冲动地从随身的行李包中拿出锋利的水果刀，对着妈妈接连刺了九刀。不管孩子在国外有多么难，对自己的亲生母亲做出这样的事情，依然令人发指。一时之间，这件事情在社会上引起了广泛的讨论，人们在指责孩子冷血无情的同时，也忍不住要反思家庭教育到底出了什么问题。

经过审理，案件的很多细节浮出水面。原来这个孩子在日本留学5年，从来不像其他孩子一样勤学俭工，而是花钱如流水，总是肆意挥霍。实际上，他的妈妈每个月只有7000元月薪，为了供给孩子生活费，妈妈省吃俭用也不够，还要常常向亲朋好友借钱满足孩子的消费需求。最后一次，孩子向妈妈要钱，妈妈实在没有钱了，导致孩子恶向胆边生，对母亲心生怨恨，更是在机场就拿出刀来刺杀母亲。乌鸦反哺，小羊跪乳，为何连动物都知道要回报父母的养育之恩，而孩子却对辛苦供养他的母亲如此心狠手辣呢？母子之间，到底能有什么样的深仇大恨，居然让孩子做出如此极端

的恶行？如果事情的起因真的只是因为母亲给孩子的生活费晚了几天，那么我们就要问一问这位母亲到底是如何教养孩子的，才会让孩子这么残忍、这么恶毒。

有人说，父母是孩子最好的老师，也有人说，孩子是父母的镜子。尤其是对于没有成年或者没有真正成熟的孩子而言，当孩子出现问题，那么根源则往往在父母身上。现实生活中，有太多的家庭经济状况并不好，但是父母却竭尽所能给孩子提供最丰富的物质条件，宁愿自己省吃俭用也要给孩子更多的钱去消费。在此过程中，孩子知道他所挥霍的每一分钱都是父母辛苦挣来的吗？孩子知道父母为了养大他，付出了多少辛苦和努力吗？当父母总是满足孩子的一切需求，渐渐地，孩子就会觉得父母给他们的一切都是理所当然的，不但对父母没有感恩之心，而且还会对父母提出更多的要求，渴望得到父母更多的付出。茹毛饮血，也不过如此吧！

作为父母，要想避免家庭悲剧的发生，要想让孩子心理健康地成长，一定不要溺爱孩子，更不要骄纵孩子。不要觉得作为父母给孩子的越多，将来就会得到孩子更多的回报。实际上，父母越是无限度地满足孩子，孩子越是会变得贪婪，也会对父母提出更多过分的要求。因此，明智的父母不会无限度地对孩子付出，而是会有原则地拒绝孩子无理、无度的请求，从而引导孩子学会感恩，知道父母维持生活的艰难。俗话说，穷人的孩子早当家，是因为穷人的孩子知道父母的辛苦，也懂得体谅父母。而有钱人家的孩子呢？或者是在假装有钱的人家里长大的孩子呢？他们从来不知道父母辛苦，而只会对父母索求、索求、再索求！

除了要拒绝孩子的无理、无度要求外，父母还要适当懒惰一些，不要像保姆一样代替孩子做好所有的事情，以致孩子始终生活得安逸舒适、衣食无忧。古人云，生于忧患，死于安乐，父母只有让孩子知道生活的艰难，孩子才能够更加顽强地面对生活。记住，人生的路还有很长，没有人可以始终安逸舒适地度过。父母要想让孩子有朝一日成为顶天立地的人，就要给予孩子更多的机会去锻炼自己，磨炼他们的心志，这样孩子才能茁壮成长。尽早让孩子知道生活的真相吧，这样孩子才会对生活多一些感恩、少一些抱怨！

戒掉孩子身上的骄奢气

这个世界上有很多悲剧。在家庭教育中，最大的悲剧就是明明家里很穷，却养育出一个骄奢气浓郁的孩子，孩子对父母茹毛饮血也不知满足，说不定还会因为怨恨父母上演杀父弑母的人间惨剧。这样的事情，在现实生活中是发生过的，每一对父母都要以此为戒，进而反思自己对孩子的教育，对悲剧防患于未然。

遗憾的是，很多父母都坚持"再穷也不能穷孩子"的教育原则，实际上，这恰恰是本末倒置。在西方国家，有很多世界级的大富翁，他们原本有条件给孩子创造更好的生活条件，但是却让孩子过穷日子、苦日子，目的就是磨炼孩子的意志力，让孩子深入了解生活的艰难，也有毅力背负生活的重担。很多人都知道微软帝国，创建微软帝国的比尔·盖茨，对于孩子的教育就很严格。他们禁止孩子因为父母拥有金钱就产生优越感，为此只给孩子很少的零花钱，甚至比普通的父母更吝啬，孩子要想挣钱，就要自己打工，辛苦赚钱。正是在这样的过程中，孩子才会知道每一分钱都来之不易，才会知道父母供养他们的钱都是辛苦赚来的血汗钱，为此对父母更加感恩，也渐渐地可以理解生活的困难。

在中国，很多父母都觉得如今社会发展了，家家户户的生活水平都得到了提高，为此他们不想让孩子继续受苦。对于自己小时候没有的一切，他们总是慷慨大方地提供给孩子。有的时候，孩子提出一些无理的要求，父母也会因为花费不了多少钱就满足孩子。殊不知，这可不仅关系到钱的问题，而且关系到孩子的欲望越来越强，孩子的胃口越来越大。上文中那个在机场把妈妈刺伤的孩子，就是因为妈妈对他始终特别疼爱，所以他才会因为妈妈晚给了他几天生活费，就对妈妈生出歹意，残忍地刺伤妈妈。这是怎样的悲剧，又是家庭教育中怎样的遗憾呢？

当孩子习惯了衣来伸手、饭来张口的生活，当孩子习惯了穿名牌的衣服、过无忧无虑的生活，他们还想去奋斗和努力吗？古人云，由俭入奢易，由奢入俭难。当父母给孩子提供了很多优越的条件，孩子等到长大成人之后却因为被骄纵和宠溺，而没有能力继续给自己这样的生活，他们对父母的恨也就油然而生。作为父母，一定不要觉得给孩子提供最好的一切没有错，这么做恰恰是大错特错了。明智的父母别说没钱，即使有钱也会在孩子面前装穷，而作为真正的穷人、普通老百姓，又为何要给孩子提供那么优越的条件，从而使得孩子忘却根本呢？

要想让孩子不再骄奢，作为父母，就要把对孩子的教育原则落到实处。

首先，父母不要过度奢求物质享受，否则就会给孩子树立负面的榜样，产生负面影响力。对于每个人而言，只需要很简单的物质供给，就能维持生命的正常运转，为此父母要给孩子树立好榜样，让孩子不讲究吃穿，而更讲究如何充实自己的内心。此外，父母还要树立正确的消费观，花钱的时候要细水长流，不要大手大脚，花钱如流水。孩子从一出生就与父母朝夕相处，接受父母的照顾，所以父母的一言一行都会对孩子产生深刻的影响。

其次，父母要给孩子机会去见识那些艰苦的生活。例如可以利用寒暑假的时间带孩子回到农村老家，让孩子深入农村生活。记得电视台曾经播放过一个栏目，即把一个条件优越的孩子与一个生活艰苦的孩子进行交换生活，让他们各自都有不同的人生体验。穷人家的孩子可以拓宽眼界，而富人家的孩子则在了解原来生活这么艰苦之后，变得更加懂事和知足，也会对人生有不一样的感悟和体验。

最后，父母还要管理好孩子的零花钱。很多父母会给孩子很多零花钱，有的时候孩子考试成绩不错，父母还会随手奖励孩子一些钱。俗话说，男人有钱就变坏，当然这句话有些极端，却不无道理。孩子有钱，因为缺乏自制力，也因为还没有形成正确的消费观，所以也很有可能会过度消费，浪费挥霍，以致对自身产生不良影响。

如今的社会，太多的人都盲目追求金钱，炫富的人比比皆是，也会给孩子造成不良影响。作为父母，一定要严格把控家庭教育的原则，降低不良的社会风气给孩子带来的负面影响，也要引导孩子多多读书，丰富和充实自己的心灵，这样孩子才会变得更加笃定。勤俭持家，不但是古训，也要作为传家宝传给孩子，这样孩子才能理解和感悟生活的真谛，也才能让自己在成长过程中有更出色的表现。

真正强大的孩子从来不"拼爹"

自从李启铭在大学校园里撞了人，并且不以为然地说出"我爸是李刚"的话之后，"拼爹"就成为网络上的流行用语，也成为社会上的新生代名词。"拼爹"，绝不能说是个褒义词，而是个不折不扣的贬义词，不管是爹

强大到可以被孩子"拼"，还是孩子有一个可以用来"拼"的爹，都应该及时收敛，反省自己。这不是一个"拼爹"的时代，每一个"拼爹"的人都是可耻的，把"拼爹"不成作为抱怨的理由和借口，更是对自己的莫大侮辱。

每一代人都有每一代人的责任和使命，每一对父母都要告诉孩子，父母的成就不能代替孩子的努力拼搏，孩子必须全力以赴，才能拥有自己想要的人生。否则，孩子如果总是把人生的希望寄托在父母身上，总是对于父母各种挑剔和苛责，还时常抱怨自己的爸爸为何不是马云，则孩子的人生也就堪忧了。俗话说，靠山山会倒，靠树树会跑，每个人可以依赖的人只有自己。弄明白这个道理，孩子就不会以"拼爹"为最大的梦想，而是会意识到他们真正要做的是让自己成为父母的骄傲。

思阳是一名小学四年级的学生，在同学们心目中，思阳平日里花钱大手大脚，班级里的高档消费绝对少不了他。明眼人看一眼思阳就知道，他的衣服可不是从淘宝上淘来的，而都是商场里的名牌产品，为此很多同学平日里都称思阳为"大款"。有些同学去过思阳的家，就会知道思阳家住着大别墅，装修很豪华，而且思阳一个这么小的孩子，就住着一间带独立卫生间的大卧室。为此，同学们都会让着思阳三分，也知道惹不起思阳这个"大款"，更何况思阳还有一个"真大款"的爹呢？

有一次，思阳在学校里和一个同学打架，一气之下居然拿起美工刀把同学的衣服后背划出一道大口子。这名同学当即去向老师求助，老师吓出一身冷汗：这幸亏是冬天穿的衣服比较厚，要是夏天孩子只穿着一件T恤，少说也得缝合个几十针吧，这可如何向人家的父母交代？老师当即把思阳叫到办公室，还打电话给思阳的爸爸，让他马上赶到学校。思阳丝毫不害怕，对老师说："这不是冬天么，也没划破皮肉啊。你问问张宇星的妈妈这件衣服多少钱，我让爸爸十倍赔偿给他！"看到思阳不以为然的样子，老师恨铁不成钢，愤愤地说："你这个孩子可真是不知道天高地厚，这件事情如果闹到校长那里，你只怕学都没得上了。你知道你的行为有多恶劣吗？如果不是衣服挡着，你都可以被告故意伤害了！"幸好思阳爸爸到了之后认错态度很好，也当即狠狠地批评了思阳，这样才求得了对方父母的原谅。

老师说得很对，虽然思阳的行为没有造成恶劣的后果，但是这件事情的情节是非常严重的。对于思阳而言，如果不能改变"拼爹"的想法，总是这样肆意妄为，则最终一定会自食恶果。为了避免孩子盲目"拼爹"，作为父母在教育孩子的过程中也要多多留心，不要在孩子面前炫富，也不要在孩子面前炫耀自己的官位有多么高，爹不能代表孩子，孩子必须靠自己打拼才能收获更美好的人生，同样的道理，孩子也不能靠着"拼爹"就无须努力。总而言之，不管是父母还是孩子，都要厘清父母与孩子之间的关系，这样才能摆正心态，在人生中有更好的成长，有更大的进步。

很多父母本身的想法就有问题，他们一旦看到其他孩子有什么，马上就要给自己的孩子买。其实，这个世界上有好东西的人太多了，孩子能和所有要比吗？从根源上来说，这种攀比的心态就是错误的。父母不要攀比，也不要让孩子盲目攀比，每个人都有自己的人生，不要活成别人的样子，也不要虚弱得只有得到别人的认可才能自认为是成功的。给孩子太多的优越感并不是一件好事，常常会导致孩子不知天高地厚。明智的父母会让孩子脚踏实地地成长，也会让孩子对自我有正确认知，理性面对。

告诉孩子：你不理财，财不理你

继智商之后，情商着实火了一阵子，甚至有心理学家提出，一个人就算没有智商，也要有情商，才能获得成功。由此，奠定了情商的地位，也让情商得到了很多人的关注。如今，各种各样的商越来越多，诸如爱商、财商、逆商等。如果说所谓的爱商是为了博取别人眼球，那么财商则切实关系到孩子的利益。常言道，你不理财，财不理你，只有财商高的孩子，才能对于理财更精通，哪怕长大成人，也会因为财商很高，而最大限度地打理好自己的生活。

古今中外，在财商还没有被提出来的时候，就有很多人非常重视理财的能力。众所周知，经济是命脉，是改善生活、提升生活品质的基础条件。为此，父母一定不要因为孩子小，就觉得孩子不需要接触钱，也不需要学会打理钱财。实际上，从小培养孩子形成正确的金钱观，也引导孩子学会理财，对于孩子的成长至关重要。

作为美国大名鼎鼎的商界巨头，洛克菲勒认为孩子只有学会理财，未来才能学会创造财富，才能形成很多优秀的品质。洛克菲勒本人之所以能够做成伟大的事业，打造属于自己的商业帝国，是因为他的父亲是一个非常精明的商人，具有极高的财商。洛克菲勒从小耳濡目染，受到父母的影响，自然在商业上有卓越的表现。迄今为止，他依然记得父亲说过的话，那就是凡事靠自己，做生意越早越好，而且把这句话奉为座右铭，始终坚持遵循这句话的指引。

7岁的时候，洛克菲勒在树林里找到了一个火鸡窝，这个鸡窝里有很多只小火鸡，他把小火鸡带回家，圈起一块地方养着它们。随着时间的流逝，小火鸡越来越大，膘肥体壮，他就把这些火鸡卖给别人，赚取了人生中的第一笔钱。父亲大力赞赏洛克菲勒的商业头脑，也更加用心地向洛克菲勒灌输经商的各种知识，为此洛克菲勒才能成为美国的石油大王。在美国历史上，洛克菲勒是第一个拥有亿万财富的人。

然而，在中国的家庭里，父母在做什么呢？他们爱金钱，又在教育孩子的时候把金钱当成瘟疫一样去躲避，不允许孩子过早地接触金钱，也不允许孩子过多地谈论金钱，似乎金钱是什么污秽之物，会玷污孩子的心灵。的确，金钱有的时候会作恶，但是金钱也是维持生活必不可少的，只要对金钱正确加以运用，金钱就可以助力生活，也可以改善和提升生活的品质。由此可见，金钱本身没有罪，犯罪的是那些用金钱为非作歹的人。为此父母要帮助孩子树立正确的金钱观，要引导孩子主宰和驾驭金钱，而避免孩子成为金钱的奴隶。

让孩子早一些接触金钱并不是坏事，至少可以及时地帮助孩子树立正确的金钱观念，也可以让孩子熟悉和了解金钱。很多父母会把好吃的、好喝的都买回去放在家里，让孩子随时取用，渐渐地孩子会以为这些东西是本来就有的，而不知道是因为花费了金钱才交换来的。很多父母不让孩子花钱，而自己却无限度地满足孩子的各种要求和欲望，最终使得孩子对于金钱毫无概念，不管需要什么只会向着父母要。可想而知，这样的孩子长大之后根本对于金钱没有概念，别说不会挣钱，就连花钱也不会。作为父母，你希望自己的孩子变成这样吗？如果不想，那么就从现在开始致力于提升孩子的财商，这样才能引导孩子健康快乐地成长，也才能帮助孩子成就自己、驾驭人生！

孩子其实是有机会和钱接触的，如每到过年的时候，孩子会得到压岁钱，有些孩子的压岁钱数目还很大。有些孩子平日里也会有零花钱，学会合理支配和消费这些钱，对孩子的成长至关重要。俗话说，好钢用在刀刃

上，父母也要引导孩子把来之不易的钱花在该花的地方，这样才能凸显金钱的价值。当然，如何区分哪些钱是该花的、哪些钱是不该花的，还需要父母和孩子一起努力。尤其需要让孩子知道的是，钱不是大风刮来的，努力工作可以赚到钱，把现有的钱进行投资理财也可以有一定的利息回报。用心的父母还可以去银行为孩子开一张卡，这样一来，让孩子借助银行进行理财，对孩子更是活生生的一堂课。总而言之，孩子的财商不可能瞬间就得到提升，父母要引导孩子认识钱、消费钱，也要告诉孩子储蓄钱、积累钱。归根结底钱是个好东西，如果用到该用的地方一定会威力无穷，为此孩子可以爱钱，但是要牢记君子爱财，取之有道。

不要让孩子觉得钱是大风刮来的

在中国，有很多父母都把自己定位错了。他们之中有人把自己当成孩子的保姆，代替孩子做好一切事情；有的人把自己当成孩子的取款机，而且是源源不断生钱的那种，使得孩子误以为父母的钱都是大风刮来的，而且是永远用不完的。这样的教育误区一旦形成，会给孩子的成长带来很多的困境和阻碍，也会使得亲子关系失去控制，朝着不可预期的方向发展。父母的钱真的是大风刮来的吗？孩子正是这么想的，否则父母怎么随时随地就能给他们很多钱，又为何总是无限度提供给他们金钱的支持和帮助呢？作为父母，不要觉得孩子有这样的想法是不懂事，而应该反思自己以怎样的教育方式导致孩子对于父母的钱产生了这么大的误解。

作为父母，你曾经借钱给孩子用吗？当被问及这个问题，相信有很多父母都会感到难以置信：我们是孩子的爸爸、妈妈，理所当然要给孩子钱花，为孩子提供生活的必需品，怎么还能借钱给孩子用呢？没错，这就是大多数父母的真实想法和心声，既然连父母都认为自己供养孩子理所当然、天经地义，孩子有"啃老"的想法、孩子索求无度，也就是理所当然的，这根本怪不得孩子。为此，作为父母先要端正思想和态度，要知道自己的钱都是辛辛苦苦工作赚来的，都是省吃俭用才慢慢积攒下来的。作为孩子，除了基本的生活需求得到保证和满足之外，还凭什么要对父母奢求那么多呢？当孩子有了额外的开销，而因为他们自己的原因导致损失时，父母不要一声不吭就自告奋勇为孩子还债，就算真的是要帮助孩子，也要把钱借给孩子，就算不收取利息，至少也要要求孩子还回本金，这对于孩子才是负责任的态度和做法。

最近这段时间，乐乐特别眼馋山地车，想要买一辆。山地车很贵，一辆车得1000多元钱，这已经远远超过了爸爸妈妈为乐乐制定的标准，那就是生日礼物不超过300元钱。但是，乐乐真的很想在12岁生日的时候得到一辆山地车，看着乐乐眼馋的样子，爸爸提出合理的建议："这样吧，既然你这么想要山地车，今年生日我和妈妈不给你买礼物，就折算成300元钱给你，怎么样？"乐乐当即表示同意。他马上数了数自己还有多少零花钱，发现自己所有的钱凑在一起只有500多元。这距离一辆山地车还有500元的资金缺口呢，爸爸建议乐乐："我借500元钱给你怎么样？但是你不能等到春节拿着压岁钱才还，而是要从现在就开始还。"乐乐很为难："我每个月的零花钱只有50元，我还要用来买学习用具，怎么还呢？"爸爸说："咱们家里不是有洗车的工具么，你可以把洗车工作承包下来，每次洗车20元，每周洗车一次。不但要洗车子外面，还要擦拭车子里面，如何？"乐乐一想到自己每个月都可以偿还80元钱，高兴极了。

第一次洗车，乐乐累得筋疲力尽，这才知道："难怪在外面洗车每次

都要40元钱呢，原来洗车并不像看起来那么轻松。"爸爸趁机教育乐乐：
"当然。每一份工作都很辛苦，每一分钱都得来不易。"随着洗车的次数
越来越多，乐乐做得越来越熟练。后来，乐乐还免费承担了家里吸地的工
作，又有偿承包了家里擦玻璃的工作。就这样，乐乐的表现越来越好，才
半年就还清了欠爸爸的钱，不过他还要继续工作，因为他想攒钱送给爸爸
和妈妈生日礼物，感谢他们一直以来对于家庭的付出和养育自己的辛苦。
爸爸由衷地对乐乐竖起大拇指："我的儿子长大了！"

　　如果没有给爸爸洗车挣钱的经历，乐乐不会知道爸爸妈妈工作多么
辛苦，也不会知道妈妈做家务多么辛劳。挣钱还债的过程，不但让乐乐
对父母更加感恩，也让乐乐体会到生活的艰辛。很多事情就是这样，如
果不亲身经历，就不会知道其中的艰难。所以作为父母，没有机会也要
给孩子创造机会，让他们体会父母的辛劳，使他们对于生活有更加深入
的了解和感悟。

　　很多孩子没有树立正确的金钱观，是因为他们不知道金钱得来不易，
为此不懂得珍惜金钱，也不知道如何控制自己的欲望合理消费。父母要端
正对于理财的认知，要知道理财是孩子必须具备的一项基本能力。也许孩
子此刻在父母的照顾下可以无忧无虑地生活，衣食都不用发愁，但是终有
一天，孩子会长大，会离开父母的身边，会独立生活。这种情况下，孩子
只有具有财商，才能主动理财，也才能把自己的生活打理和经营得更好。

教会孩子正确面对苦难

　　人在一生之中总要承受苦难，这是因为苦难是每个人的"人生学

校"，是人生中必修的课程之一，也是人生中最为宝贵的财富。只有经历苦难的洗礼，人们才会真正地感受到生命的可贵，也才会让自己的意志力变得更加坚强，可以友善地面对周围的人，也可以以昂扬不屈的精神面对人生的各种坎坷境遇。为此，父母在教育孩子的过程中，也要让孩子学会吃苦，更要教会孩子正确面对苦难。唯有如此，孩子才能健康茁壮地成长，才能成为真正的人生强者。

遗憾的是，有太多的父母根本不舍得让孩子吃苦，他们把孩子当成命根子、心尖子，总是拼尽全力去保护和照顾好孩子，哪怕孩子主动提出要做一些事情，父母也总是限制和禁止孩子去做，因为他们害怕孩子吃苦受累，担心孩子受到伤害。在父母的过度保护之下，孩子渐渐地失去了主动去尝试和挑战的欲望，而习惯于接受父母的照顾和全方位呵护，甚至如果父母对于他们照顾不周，他们还会呵斥父母。因为溺爱，孩子变得越来越自私；因为溺爱，孩子们失去了提升自身能力的机会，成为真正的"巨婴"。父母的初衷是给孩子最好的，却没想到因此而害了孩子，当看到孩子心灵脆弱，面对人生小小的挫折就开始退缩，就轻言放弃；当看到孩子自私任性，无法与身边的人友好地相处，父母又会作何感想呢？安逸的生活不能让孩子成长，只有让孩子接受苦难的磨砺，学会勇敢面对苦难，孩子才会更加勇敢强大。

正如一首歌里所唱的，不经历风雨，怎能见彩虹，没有人能随随便便成功。同样的道理，孩子也必须接受苦难的磨砺，才能变得更加强大。英国的国家船舶博物馆位于伦萨冈，那里展出了一艘船，这艘船震撼了无数人的心灵，也给无数人带来生命的启迪。那么，这艘船到底有何不同寻常之处呢？原来，这艘船是劳埃德保险公司在拍卖市场买下来的，它遍体鳞伤，曾经经历过无数次磨难。1894年，这艘船正式建成下水，在海洋中行

驶的漫长岁月中，它曾经207次遭遇狂风暴雨，导致桅杆断裂；曾经138次遇到冰山，险些沉没；曾经116次触礁，导致船身受到伤害；曾经13次发生火灾，甚至被烧得面目全非。然而，这艘船却百折不挠，不管经历怎样的打击，它都始终坚持在海面上航行，而从来没有沉入过海底。所以它是一艘勇敢的船，是一艘刚强的船，也是一艘绝不服输的船。劳埃德保险公司将其买下来献给国家船舶博物馆，就是想让更多的人看到它，也是为了让它激励更多的人一定要坚强勇敢地活着。任何的苦难如果不能使一个人毁灭，就注定会成为这个人的盔甲，使他变得更加坚强。

人生何尝不是一次航程呢？没有人知道在海面上将会遇到怎样的情况，我们唯一可以做的就是坚定不移地做自己，不管面对多少坎坷和挫折，我们都要始终不忘初心，砥砺前行。只要一息尚存，我们就要更加坚持和努力，从而激发自己所有的潜能，创造生命的奇迹！父母一定要引导孩子去经历一些苦难，让孩子在苦难的磨砺之下变得更加坚强勇敢，这样孩子才有资本走完这漫长的人生，才能在生命之旅中绽放属于自己的精彩！

参考文献

[1]曹刘霞.儿童积极心理学[M].成都：四川科学技术出版社，2018.

[2]史旭栋.现在让孩子吃苦，以后才不受苦[M].北京：中国致公出版社，2018.

[3]宋天天.挫折教育全集：逆商（AQ）决定孩子的命运[M].北京：北京工业大学出版社，2015.